Bedarfsermittlungen in der Eingliederungshilfe für behinderte Menschen

Eine Evaluation im Landkreis Mecklenburgische Seenplatte

Sophie Trenkler

GRIN

Bibliografische Information der Deutschen Nationalbibliothek:

Die Deutsche Nationalbibliothek verzeichnet diese Publikation in der Deutschen Nationalbibliografie; detaillierte bibliografische Daten sind im Internet über http://dnb.d-nb.de abrufbar.

ISBN: 9783346305787
Dieses Buch ist auch als E-Book erhältlich.

Nymphenburger Straße 86
80636 München

Druck und Bindung: Books on Demand GmbH, Norderstedt Germany
Gedruckt auf säurefreiem Papier aus verantwortungsvollen Quellen

Das Buch bei GRIN: https://www.grin.com/document/960802

Evaluation von Bedarfsermittlungen in der Eingliederungshilfe für behinderte Menschen im Landkreis Mecklenburgische Seenplatte

Bachelor-Thesis

Zur Erlangung des Grades eines Bachelor of Arts (B.A.) im Studiengang Soziale Arbeit

Sommersemester 2019

Vorgelegt von:

Sophie Trenkler

Hochschule Neubrandenburg –

University of Applied Science

An dieser Stelle, an den Anfang, möchte ich meinen Dank aussprechen.
An Herrn Professor Speck für die immer offene Tür, sowie Frau Berg für die hilfreichen Gespräche.
An meine ehemaligen Kollegen für den gemeinsamen Weg.
An meine Kollegen für ihre Unterstützung, ihre Zeit und ihr Verständnis.
An Kathrin, Steffi und Johanna für ihre allzeit offenen Ohren.
An Anja für ihr Vertrauen am Anfang von Allem.
An meine Eltern und meinen Bruder. Für Alles. Ihr seid die Besten.

Man kann den Menschen nicht auf Dauer helfen, wenn man für sie tut, was sie selbst tun können und sollten.

- Abraham Lincoln

Abkürzungsverzeichnis

ASD – Allgemeiner Sozialer Dienst

BAGüS - Bundesarbeitsgemeinschaft der überörtlichen Träger der Sozialhilfe

BMAS – Bundesministerium für Arbeit und Soziales

BRD – Bundesrepublik Deutschland

BTHG – Gesetz zur Stärkung der Teilhabe und Selbstbestimmung von Menschen mit Behinderungen - Bundesteilhabegesetz

DDR – Deutsche Demokratische Republik

GG - Grundgesetz

IBRP- Integrierter Behandlungs- und Rehabilitationsplan

ICD-10 – International Code of Disease

ICF – International Code of Functioning, Disability and Health

ITP – Integrierter Teilhabeplan

i.V.m. – in Verbindung mit

LK MSE – Landkreis Mecklenburgische Seenplatte

ÖPNV – Öffentlicher Personennahverkehr

SGB – Sozialgesetzbuch

SpDi – Sozialpsychiatrischer Dienst

UN – BRK – Übereinkommen der Vereinten Nationen über die Reche von Menschen mit Behinderungen

WfbM – Werkstätten für behinderte Menschen

WHO - Weltgesundheitsorganisation

Für eine gendergerechte Sprache wurde die Pluralform verwendet, um an gewissen Stellen eine bessere Lesbarkeit zu erreichen, aber auf die männliche Form zurückgegriffen. Es sind aber stets alle Geschlechter (divers, weiblich, männlich) damit gemeint.

Abbildungsverzeichnis

Inhalt

Einleitung

In einer modernen Gesellschaft sollte jeder Mensch, mit oder ohne Behinderung, dass Leben führen können, welches er für richtig hält. Gesellschaftliche Ungleichheitsstrukturen oder Barrieren sollten nicht daran hindern, den eigenen Platz zu finden. Menschen mit Behinderungen sollten nicht in „Sonder"-welten leben, sondern mittendrin und an allen Gestaltungsprozessen partizipativ teilnehmen. Moderne Behindertenhilfe muss die Rahmenbedingungen dafür schaffen.

Mit dem BTHG ist von der Bundesregierung ein Reformgesetz verabschiedet worden, diese Dinge zu ermöglichen und schickt sich an, Inklusion in der Gesellschaft zu etablieren.

Mein Praktikum im Sommersemester 2018 startete zu einem Zeitpunkt, in dem sich die Eingliederungshilfe für behinderte Menschen in einem Umstrukturierungsprozess befand. Es mussten neue gesetzliche Vorgaben umgesetzt werden und ein neues Bedarfsermittlungsgesetz kam zum Einsatz: der ITP. Dieser soll es ermöglichen die leistungsberechtigten Bürger in den Blick zu nehmen, mit ihren Ressourcen und Zielen.

Während dieser Zeit bildete sich die Frage, wie sich eben diese Bürger in dem Hilfeprozess fühlen. Fühlen sie sich als Mitgestalter ihrer Zukunft, im Fokus der Hilfeplanung? Bietet der ITP die Chance, personenzentrierte Hilfe zu ermöglichen?

Zur theoretischen Einordnung von Bedarfsermittlungen wird im ersten Kapitel die Eingliederungshilfe für behinderte Menschen beschrieben. Dafür wird die UN-BRK erläutert und die Auswirkungen dieser auf die Judikative der Bundesrepublik, die zur Verabschiedung des BTHGs führte.Da die Eingliederungshilfe für behinderte Menschen in ihrer Umsetzung in der Verantwortung der Bundesländer liegt, wird sie sehr vielfältig umgesetzt. Aus diesem Grund wird im Anschluss beschrieben, wie sie im LK MSE strukturiert ist.

Im folgenden Kapitel geht es um Grundlagen von Bedarfsermittlungen, denn während dieser kommt der ITP zum Einsatz. Es wird der ICF-Katalog erläutert und wie dieser den Behindertenbegriff, der in der Behindertenhilfe zum Einsatz kommt, verändert hat.

Für eine gelingende Bedarfsermittlung ist es wichtig, sich mit den Bürgern auf Augenhöhe verständigen zu können. Dabei kann es helfen, personenzentriert zu arbeiten. Dieser Ansatz wird in diesem Kapitel weiter ausgeführt.

Im praktischen Teil dieser Arbeit wird im dritten Kapitel zum Anfang auf die Entstehung der Fragestellung eingegangen und welche Methode verwendet wurde, um diese möglichst genau beantworten zu können.

Anschließend wird der genutzte Fragebogen dargestellt, mit den unterschiedlichen Fragenkomplexen. Es werden die gewonnenen Ergebnisse vorgestellt, welche Fehler bei der Erhebung entstanden sein können und abschließend werden Handlungsempfehlungen abgeleitet. Dies kann dazu beitragen, die Qualität der Arbeit im ASD zu steigern, da Erfahrungen der leistungsberechtigten Bürger sichtbar gemacht werden.

1 Eingliederungshilfe für behinderte Menschen

Die Bundesarbeitsgemeinschaft der überörtlichen Sozialhilfeträger definiert das Ziel der Eingliederungshilfe darin, die Menschen bei einem selbstbestimmten Leben zu unterstützen und eine individuelle Lebensführung zu ermöglichen[1].

Staatlich geleistet wird Eingliederungshilfe seit knapp 100 Jahren, als Preußen 1920 ein weltweit einzigartiges „Krüppelfürsorgegesetz“ verabschiedet hat[2]. Seitdem ändern sich sowohl die Begriffsbestimmungen als auch die gesetzlichen Vorgaben in regelmäßigen Abständen. Im Rahmen gesellschaftlicher Umbrüche, die eng mit den emanzipatorischen Bewegungen der 1968er-Bewegung verknüpft sind, folgten eine Reihe gesetzlicher Erfolge. So wurde ein Benachteiligungsverbot im Grundgesetz verankert (Art. 3 Abs. 3 Satz 2 GG), sowie das Behindertengleichstellungsgesetz 2002 und das Allgemeine Gleichbehandlungsgesetz 2006.

2009 folgte dann die Ratifizierung der UN-BRK durch die deutsche Bundesregierung.

---

[1] vgl. BAGüS 2019, S. 1 und S. 9

[2] vgl. Mürner / Sieck 2015, S. 28 f.

1.1 UN-Behindertenrechtskonvention

Im Jahr 2006 wurde durch die Generalversammlung der Vereinten Nationen die UN-BRK verabschiedet, die 2001 durch Mexiko angestoßen worden ist[3]. In dieser sind erstmals die Rechte von behinderten Menschen verbindlich festgehalten worden und das in einem weltweiten internationalen Staatenverbund.

In Artikel 1 der UN-BRK heißt es: „Zweck dieses Übereinkommens ist es, den vollen und gleichberechtigten Genuss aller Menschenrechte und Grundfreiheiten durch alle Menschen mit Behinderung zu fördern, zu schützen und zu gewährleisten und die Achtung der ihnen innewohnenden Würde zu fördern." Dadurch, dass die Konvention ein völkerrechtlicher Vertrag ist, wird in nationale Gesetzgebung eingegriffen. Zudem werden die universellen Menschenrechte für die Bedürfnisse von Menschen mit Behinderung festgeschrieben[4]. Dies ist ein normativer Anspruch. Inklusion und Teilhabe werden schriftlich und bindend festgehalten. Sie führen damit zu einem Paradigmenwechsel, weg von der Fürsorge, hin zur Teilhabe. Außerdem wird ein verändertes Behindertenmodell etabliert (Art. 1, Abs. 1 UN-BRK).

Klares Ziel der UN-BRK und aller Staaten, die diese ratifiziert haben, ist es „Teilhabebarrieren zu identifizieren und konsequent abzubauen."[5] Dies beinhaltet Menschen mit Behinderungen einen barrierefreien Zugang zu Informationen und Behörden zu ermöglichen. Die Bundesregierung setzt dies zum Beispiel durch Internetseiten in vereinfachter Sprache um[6]. Auch Formulare und Anträge sollten in verständlicher Weise Menschen mit Behinderung zur Verfügung gestellt werden (zum Beispiel „Mein ITP", entwickelt durch das Institut personenzentrierter Hilfen[7]). Für eine erfolgreiche Umsetzung der Vorgaben der UN-BRK ist zudem eine Rechtsprechung notwendig, die sich nicht scheut, diese Vorgaben umzusetzen und die Möglichkeit bietet, das eingestandene Recht auch gerichtlich einzufordern[8].

Die Ratifizierung der UN-BRK hat in der deutschen Politik zu großen Reformanstrengungen geführt, die sich derzeit in der Umsetzung befinden. Auf dem Weg zu einer, von der Bundesregierung geforderten, inklusiven Gesellschaft. Diese

---

[3] vgl. Degener 2015, S. 55
[4] vgl. Weinbach 2016, S. 120
[5] Daßler 2016, S. 137
[6] vgl. BMAS 2016 (1), S. 278
[7] vgl. Lück / Gromann 2016, S. 42
[8] vgl. Mausch 2014, S. 28

Reformanstrengung mündet in dem Bundesteilhabegesetz, welches bis zum Jahr 2023 die Eingliederungshilfe grundlegend reformieren wird.

1.2 Das Bundesteilhabegesetz

Das BTHG hat zum Ziel „die Lebenssituation von Menschen mit Behinderung zu verbessern".[9] Es ist ein Reformgesetz zur Umsetzung der Vorgaben der UN-BRK und wird ein neues SGB IX schaffen, in dem alle Leistungen der Rehabilitation zusammengefasst sind. Das BTHG tritt in vier Stufen, über die Jahre 2017 bis 2023, in Kraft. Die größte Änderung für die Eingliederungshilfe trat 2018 mit der Einführung des neuen Gesamtplanverfahrens (§117 SGB IX), sowie des neuen Behindertenbegriffs (§2 Abs. 1 SGB IX), ein. 2020 sollen existenzsichernde Maßnahmen von den Fachleistungen der Eingliederungshilfe getrennt werden. Die Leistungen werden dann nicht mehr davon abhängig sein, ob beispielsweise eine Grundsicherung bewilligt ist. Sie sind folglich dann nicht mehr abhängig von einem eventuell existierenden Vermögen. Mit diesem Reformschritt wird dann die Eingliederungshilfe, nicht mehr wie bisher im XII. Sozialgesetzbuch festgeschrieben sein, sondern, gemeinsam mit anderen Rehabilitationsleistungen, im IX. Sozialgesetzbuch.

In der letzten Reformstufe 2023 wird der leistungsberechtigte Personenkreis neu definiert werden. Dabei soll die bisherige Voraussetzung einer „wesentlichen" Behinderung so konkretisiert werden, dass sie die Teilhabeeinschränkungen nach dem ICF-Katalog mit umfasst. Der bisherige Personenkreis soll dabei nicht verändert werden, damit keine Menschen aus dem Leistungsbezug fallen[10].

Zudem wird die Umsetzung des BTHG durch verschiedene Ausschüsse und Untersuchungen (Art. 25 Abs. 2 BTHG) begleitet. Dass soll zu mehr Transparenz in Form von Teilhabeverfahrensberichten (§41 SGB IX) und ergänzenden unabhängigen Teilhabeberatungen (§32 SGB IX) führen. Die Bundesregierung verpflichtet ihre Behörden zu einem leichteren Informationszugang für Menschen mit Behinderung, welches auch eine erhöhte Beratungskompetenz von Seiten der Mitarbeitenden fordert. Für mehr Transparenz soll außerdem eine Angleichung und

---

[9] vgl. Lösekrug-Möller 2017, S. 25

[10] vgl. BT-Drucksache 19/4500, S. 4

Standardisierung von bestehenden Bedarfsermittlungsinstrumenten bei den Rehabilitationsträgern sorgen[11].

Kritisch zu bewerten ist das BTHG im Hinblick auf die Menschen, die als schwer erreichbar gelten, das sind zum Beispiel Menschen mit schweren kognitiven Einschränkungen oder Menschen mit Behinderungen in Justizvollzugsanstalten[12]. Es gibt kaum bzw. wenig Studien, die sich mit den Bedarfen dieser Menschen befassen und es ist davon auszugehen, dass nur ein Bruchteil der Menschen, denen Unterstützungsleistungen zustehen, diese dann erhalten. Auf den Weg in eine inklusive Gesellschaft muss sich unbedingt auch mit diesen Menschen beschäftigt werden.

Das BTHG kann im Sinne der aktuellen Richtung der Sozialpolitik, des Förderns und Forderns, verstanden werden. Informierte Bürger agieren im Sinne des aktivierenden Sozialstaates. Die Bürger, in diesem Falle die Menschen mit Beeinträchtigungen, werden in die Lage versetzt, ihre Ressourcen zu aktivieren und im besten Falle dazu befähigt, sich selbst zu helfen. Dann sind sie im Idealfall nicht mehr von staatlicher Hilfe abhängig. Einerseits ist dieser Zustand durchaus wünschenswert, andererseits sollte diese Politik nicht auf die Spitze getrieben werden und zur Kürzung von notwendigen Leistungen führen. Es muss von den am Hilfeprozess beteiligten Mitarbeitern eine Gradwanderung zwischen benötigter Unterstützung und gewollter Selbstbestimmung geschaffen werden.

Mit dem BTHG wird für Bedarfsermittlungen ein funktionsbezogenes Instrument gefordert (bis 31.12.2019 §142 SGB XII, ab 01.01.2020 §118 SGB IX). Im Landkreis MSE wird dies mit dem ITP umgesetzt.

1.3 Der Integrierte Teilhabeplan

Der ITP ist eine Weiterentwicklung des IBRP und versucht eine Lücke der vormals genutzten Bedarfsermittlungsinstrumente, zu den vom BTHG vorgegeben Grundsätzen zu schließen. Entwickelt wurde er von Frau Prof.in Dr.in Gromann und wird derzeit in fünf Bundesländern angewandt. Frau Professorin Gromann beschreibt den ITP als „eine prozess- und dialogorientierte Ermittlung von Teilhabebedarfen von Menschen mit Beeinträchtigungen. Die Bezeichnung ‚integriert‘ steht dabei für die

[11] vgl. Lösekrug-Möller 2017, S. 26

[12] vgl. Schmetz 2017, S. 16 und BMAS (2) 2016, S. S. 37

Einsicht, dass vielfältige Wechselwirkungsprozesse zwischen Person, Lebenslage und Sozialraum existieren."[13] Hieraus ergeben sich die Prinzipien, die dem ITP zu Grunde liegen: Transparenz, Trägerübergreifend, Interdisziplinarität, Konsensorientiertheit, Individualität, Lebensweltbezogenheit, Sozialraum- sowie Zielorientiertheit[14]. Durch diese Vorgaben wird ein Gerüst an die Hand gegeben, welches die Möglichkeit bietet, eine gründliche Bedarfsermittlung durchzuführen.

Aus den Prinzipien kann abgeleitet werden, dass der ITP ein dialogisches Verfahren ist, welches darauf ausgelegt ist, miteinander ins Gespräch zu kommen. Zuallererst mit dem Bürger selbst, sowie mit allen an dem Hilfeprozess beteiligten Personen. Damit werden die Bürger als gleichwertige Partner im Prozess anerkannt.

Auf insgesamt acht Seiten werden im ITP soziale Daten der Bürger, aktuelle Angaben zum sozialen Umfeld, Wohnsituation, Arbeitssituation und finanzieller Lage erfasst. Außerdem Fähig- und Fertigkeiten, sowie Ziele und deren Indikatoren (Wann ist das Ziel erreicht?). Zudem werden schon aktuell erbrachte Unterstützungsleistungen aufgenommen, Leistungen vorrangiger Rehabilitationsträger (Pflegeleistungen, Leistungen vom Jobcenter etc.), sowie die Form der Behinderung und eine ICD-Erkrankung (zur Feststellung des leistungsberechtigten Personenkreises). Daten werden nur erhoben, wenn die Bürger damit einverstanden sind. Es muss aber darauf hingewiesen werden, dass eine fehlende Mitwirkung (§66 SGB I) zu einer Kürzung / Ablehnung der gewünschten Leistung führen kann. Das kann Bürger unter Druck setzen und birgt ein gewisses Abhängigkeitsverhältnis zum Sozialarbeiter.

Als Bedarfsermittlungsinstrument ist der ITP ein standardisiertes Werk, in welchem Bedarfe und Unterstützungsleistungen dem vorgegeben Rahmen angepasst werden. Bei der Erhebung der Daten muss damit sensibel umgegangen werden. Unterstützungsbedarfe sollten nicht standardisiert abgefragt werden, um aus einer Einschränkung linear einen Bedarf ableiten zu können.

Der ITP ist als Prozess zu verstehen, der nicht endgültig die Hilfe bewilligt, sondern auf Veränderungen eingehen kann (und muss). Die Bürger werden in die Position der Entscheidenden gebracht, sie befinden sich in der Position über den weiteren Hilfeprozess zu entscheiden. Dies korreliert vollkommen mit der partizipativen

---

[13] Gromann 2018, S.1

[14] vgl. Sozialministerium Thüringen 2015, S. 2

Selbstbestimmung, die von der UN-BRK gefordert wird, stellt aber gerade Menschen mit kognitiven Einschränkungen vor große Herausforderungen[15]. Diese Forderung setzt außerdem voraus, dass die betroffenen Bürger in der Lage sind und über die Fähigkeiten besitzen, ihre Rechte für sich einzufordern. Zu beachten ist hier, dass dieser Umstand im ICF-Katalog als Kategorie berücksichtigt wird, also durchaus eine Barriere darstellen kann.

Eine getrennte Betrachtung von Zielen und bestehenden regionalen Angeboten ist ein zentrales Element des ITPs. So werden Ziele auf der zweiten Seite erfasst, die dazugehörigen Maßnahmen aber erst auf der fünften Seite. So soll unabhängig von bestehenden Angeboten beraten werden und der Blick geöffnet werden auf innovative Ideen und Vorgehensweisen. Dennoch stößt dieser Ansatz bei der Bescheidung durchaus auf seine Grenzen, denn letztlich ist ein Rückgriff auf die bestehenden Angebote notwendig, um Hilfe installieren zu können.

Im Artikel 4 Abs. 3 der UN-BRK wird gefordert, dass Menschen mit Behinderungen an den Entscheidungsprozessen beteiligt werden, die sie direkt betreffen. Diesem Artikel folgend, ist im §117 SGB IX festgehalten, dass der ITP in Zusammenarbeit mit den betroffenen Menschen auszufüllen ist.

Die Eingliederungshilfe für behinderte Menschen ist zwar durch die Sozialgesetzbücher für das Bundesgebiet vorgeschrieben, die Umsetzung ist aber länderspezifisch umgesetzt. Im Folgenden wird sie für den Landkreis Mecklenburgische Seenplatte beschrieben.

1.4 Eingliederungshilfe im Landkreis Mecklenburgische Seenplatte

Der Landkreis Mecklenburgische Seenplatte ist der flächenmäßig größte Landkreis der Bundesrepublik Deutschland. Im Jahr 2018 erhielten ca. 4700 Menschen Leistungen der Eingliederungshilfe in Form von ambulanten bzw. stationären Leistungen. Teilstationäre Leistungen sind bei dieser Zahl nicht mit eingerechnet, da sie nicht erfassbar sind[16]. Knapp die Hälfte dieser Menschen haben eine geistige Behinderung, danach folgen psychische Erkrankungen sowie Suchterkrankungen. Psychische Erkrankungen nehmen laut der Statistik über die Jahre zu, es ist somit davon auszugehen, dass derzeit deutlich mehr Menschen mit einer psychischen

---

[15] vgl. Windisch 2017, S. 136

[16] vgl. Maßnahmenplan LK MSE 2016, S. 15 ff. (Internetquelle)

Erkrankung Leistungen erhalten als im Jahr 2015. WfbMs werden am häufigsten in Anspruch genommen, mit steigender Tendenz. Außerdem steigt die Zahl der Inanspruchnahme von ambulanter Betreuung, sowie Tagesstätten. Vollstationäre Einrichtungen werden mit sinkender Tendenz in Anspruch genommen. Im Jahre 2018 gab der Landkreis ca. 60 Millionen Euro für diese Leistungen aus, wobei über alle Bereiche eine Steigerung zu verzeichnen ist[17].

Die Eingliederungshilfe für behinderte Menschen ist dem Sozialamt als örtlichen Sozialhilfeträger angegliedert. Sie umfasst ein eigenes Sachgebiet. Als überörtlicher Sozialhilfeträger fungiert der Kommunale Sozialverband Mecklenburg-Vorpommern[18] mit einer überwiegenden Kontrollfunktion, wie der Prüfung von Widersprüchen gegen Entscheidungen des Landkreises bzw. der kreisfreien Städte (§8 SGB IX) oder der Regelung von Leistungsvereinbarungen (§4 SGB IX).Leistungen der Eingliederungshilfe werden nur gewährt, wenn sichergestellt ist, dass kein anderer Rehabilitationsträger zuständig ist. Dies ist die sogenannte Nachrangigkeit der Sozialhilfe (§2 Abs. 1 SGB XII i.V.m. §14 SGB XII).

Organisatorisch ist das Sachgebiet der Eingliederungshilfe nach den ehemaligen Landkreisen aufgeteilt (Neubrandenburg, Demmin, Waren und Neustrelitz), wodurch die Fallzahlen aufgeteilt werden. Der Hauptteil der Mitarbeitenden befindet sich am Standort Neubrandenburg, es gibt daneben noch Außenstellen in Waren, Neustrelitz und Demmin. Der Allgemeine Soziale Dienst, in dem die Sozialarbeiter organisiert sind, bedienen von Neubrandenburg aus dem kompletten Landkreis. Dadurch sind die Aufgaben einerseits zentralisiert, durch Außenstandorte und Hausbesuche werden die Bürger aber in ihrer Lebenswelt betreut. Um die Bedeutung des ITPs im Gesamtplanverfahren[19] (§141 SGB XII) zu verstehen, wird dieses im Folgenden erklärt.

Ein sogenannter Bedarf wird in Form eines Antrages durch den Bürger, seiner gerichtlichen Betreuung oder jedweder anderen Person kenntlich gemacht. Der Antrag geht bei der zuständigen Sachbearbeitung ein und wird durch dieser überprüft, ob das Sozialamt der zuständige Rehabilitationsträger ist. Ist dies erfolgt, wird derzeit noch eine Einkommensprüfung durchgeführt (mit der Einführung des vierten

---

[17] Haushaltsplan Sozialamt (2019)
[18] vgl. Kommunaler Sozialverband Mecklenburg-Vorpommern (Internetquelle)
[19] Umsetzungsvorgaben zum Gesamtplanverfahren im LK MSE

Reformschrittes des BTHGs ab nächstem Jahr, voraussichtlich nicht mehr, siehe auch Kapitel BTHG). Außerdem erfolgt eine Überprüfung, ob die antragstellende Person zum anspruchsberechtigten Personenkreis gehört. Dafür wird vom Gesundheitsamt ein Gutachten erstellt. In diesem Gutachten wird festgestellt, ob eine körperliche, geistige, psychische oder seelische Behinderung vorliegt, die diese Person an der Teilhabe an der Gesellschaft einschränkt. Die Diagnose muss nach dem ICD-10-Katalog gestellt werden.

Danach wird ein Auftrag an den ASD gestellt. In dem folgenden Beratungsgespräch wird überprüft, ob Rehabilitationsleistungen von anderen Kostenträgern übernommen werden können, z.B. vom Rententräger oder Leistungen der Arbeitsförderung. Die anschließende Bedarfsermittlung mittels ITP erfolgt gemeinsam mit den Bürgern, einer eventuellen gerichtlichen Betreuung und Vertrauenspersonen. Bei den Bedarfsermittlungen können unter Umständen viele Menschen teilnehmen. Dies kann es für die Bürger schwieriger machen über Bedarfe und Ziele zu sprechen. Durch die Beteiligung von Vertrauenspersonen, die die betreffende Person in ihrem Alltag kennt, soll diese Hemmschwelle verringert werden.

Nach der Bedarfsermittlung findet, auf Wunsch des Bürgers (§119 SGB IX), eine Gesamtplankonferenz mit allen beteiligten Menschen statt. Zu den vorher genannten Personen können das zusätzlich noch andere beteiligte Rehabilitationsträger (WfbM, Agentur für Arbeit, Jugendamt, etc.) sein. Bei dieser Konferenz wird der erarbeitete ITP vorgestellt, mit den ermittelten Zielen und den zugehörigen Maßnahmen. Durch die Konferenz sollen sich alle Beteiligten über diese Ziele verständigen und zu einem gemeinsamen Konsens finden.

Abgeschlossen wird das Gesamtplanverfahren durch den Erlass eines Bescheides über Art, Umfang und Form der Leistungen. Die Bescheidung erfolgt durch die Sachbearbeitung.

2 Grundlagen einer Bedarfsermittlung

Eine sogenannte Bedarfsermittlung erfolgt in der Eingliederungshilfe im LK MSE nach einem Auftrag an den ASD durch die zuständigen Sozialarbeiter. In den Umsetzungsvorgaben zum Gesamtplanverfahren[20] wird festgelegt, dass die Bedarfsermittlung am Regionalstand bzw. in der Häuslichkeit des Bürgers erfolgen

[20] vgl. Umsetzungsvorgaben zum Gesamtplanverfahren im LK MSE

soll. Damit sollen die Lebenswelt und der Sozialraum erfahren werden, die Bürger sollen sich außerdem sicherer fühlen, da ein Gespräch in einer vertrauten Umgebung stattfindet. Durch die Beteiligung von Vertrauenspersonen soll zusätzlich Sicherheit geboten werden. Die Bedarfsermittlung ist das zentrale Element, auf denen alle weiteren Hilfen folgen, sie setzt die aktuellen Fähigkeiten der Menschen mit Behinderungen in ein Verhältnis zu ihren gewünschten Zielen. Für ein Verständnis von entstehenden Bedarfen durch Barrieren, ist der ICF-Katalog von zentraler Bedeutung.

2.1 Der International Code of Functioning, Disability and Health

Der ICF-Katalog ist ein von der WHO entwickeltes Klassifizierungssystem, um Auswirkungen von Krankheiten und veränderten Gesundheitszuständen auf die Aktivität und Teilhabe von Menschen beschreiben zu können[21]. Er versucht den Menschen in Beziehung zu seiner Umwelt zu setzen, und beschreibt keine Krankheiten im Sinne des ICD-Kataloges. Grundlage der ICF-Klassifikation ist das Bio-Psycho-Soziale Modell, wonach der Mensch (und seine Einschränkungen) immer in Beziehung zu seiner Umwelt, seiner Psyche und des Körpers zu sehen ist. Krankheiten, und demzufolge Einschränkungen in der Teilhabe an der Gesellschaft, entstehen in einem komplexen Zusammenspiel von diesen drei Komponenten. Verschiebungen bei einer dieser Komponente führt dann zu Einschränkungen, die sich auf die anderen Bereiche auswirken.Der ICF-Katalog trägt mit dem Rückgriff auf das bio-psycho-soziale Modell dem Umstand Rechnung, dass zwischen Krankheit und Gesundheit kein kausaler Zusammenhang besteht. Behinderung ist demnach nicht das Fehlen einer bestimmten Fähigkeit, sondern ein komplexes Zusammenspiel zwischen den drei Bereichen. Eine Verschiebung in den Bereichen kann zu einer Einschränkung führen.

Mit der Einführung des ICF-Kataloges hat die WHO ihren Behindertenbegriff geändert. Durch die Ratifizierung der UN-BRK ist dieser nun Grundlage des Verständnisses von Behinderung in Deutschland (siehe vorheriges Kapitel). Die WHO versucht mit solchen Katalogen eine Leitlinie zu finden, durch die Problemlagen erkannt und verändert werden können[22].

---

[21] vgl. Bosshart / Ebert / Lazarus 2013, S. 26
[22] vgl. Schöny 2018, S. 78

Der ICF-Katalog beschreibt nun Fähig- und Fertigkeiten, die einem Menschen die Teilhabe an einer Gesellschaft ermöglichen. Er versucht das Zusammenwirken dieser Faktoren beschreibbar zu machen, um Behinderung erfassen zu können. Der Rückgriff auf diese Kategorien, ermöglicht die Chance eine einheitliche Beschreibung der erforderten Hilfen vornehmen zu können, um die spezifischen Einschränkungen auszugleichen.
Dennoch sollte mit großer Sensibilität vorgegangen werden, um einen Menschen eben nicht auf diese Einschränkungen zu reduzieren und eine Stigmatisierung zu fördern. Weiterhin kann durch diese Kategorien keine vollständige Beschreibung einer Krankheit / Einschränkung erfolgen, sie können nur helfen, die Unterstützungsbedarfe sichtbar zu machen. Zudem kann es sein, dass Menschen zwar formal die Kriterien einer Einschränkung erfüllen, diese aber durch Ressourcen kompensiert werden können. Die Betrachtung muss im Gesamtzusammenhang mit allen Ressourcen und Einschränkungen erfolgen.

§10 SGB IX schreibt eine „funktionsbezogene Bedarfsermittlung" vor, aus diesem Grund befindet sich der Bezug zum ICF-Katalog im ITP an exponierter Stelle auf Seite drei wieder. Alle folgenden Maßnahmen und Angaben auf diese Beschreibung auf.

Die Kategorisierung der Bedarfe birgt die große Chance in einen Dialog mit den Menschen zu treten, es kann selbstständig entschieden werden, wo Unterstützungsbedarfe bestehen. Es werden alle Aktivitätsbereiche einbezogen, zum Beispiel die Selbstversorgung, Bürgerrechte, Sozialleben und Lernen[23]. Der Bezug auf die ICF-Kategorien bietet eine gute Möglichkeit die Erkrankung eines Menschen in Bezug zu seinem Alltag und seiner Umwelt zu setzen und eine individuelle Unterstützungsleistung zu planen. Im Folgenden wird der von der WHO genutzte Behindertenbegriff erläutert.

2.2 Der Behindertenbegriff

Der Behindertenbegriff befindet sich in einem stetigen Wandel. Die größte Änderung und (mit einem angestrebtem Perspektivwechsel) fand im Zuge der UN-BRK statt. Demnach sind Menschen mit Behinderung, „Menschen, die langfristige körperliche, seelische, geistige oder Sinnesbeeinträchtigungen haben, welche sie in

---

[23] vgl. Manual ITP 2017, S. 20

Wechselwirkung mit verschiedenen Barrieren an der vollen, wirksamen und gleichberechtigten Teilhabe an der Gesellschaft hindern können." (Art. 1 UN-BRK).

Die Änderung dieses Verständnisses der Behinderung ist 2017 mit der ersten Reformstufe des BTHG in das SGB IX eingegangen (§2 SGB IX). Vorgegebenes Ziel der Bundesregierung durch diese Änderung ist, einerseits die Erfüllung der Vorgaben der UN-BRK, andererseits aber auch ein Paradigmenwechsel, von „einer überwiegend einrichtungszentrierten zu einer personenzentrierten Leistung"[24]. Menschen mit Behinderung werden als „Träger von Menschenrechten"[25] anerkannt. Das Verständnis von Behinderung wird hier geändert und nicht als ein Merkmal in der Person begründet, sondern als Wechselwirkung zu Barrieren, die die Umwelt schafft. Dies geht mit der Idee von Inklusion einher, wie es die Bundesregierung versteht. Es soll eine Barrierefreiheit geschaffen werden bzw. abgebaut werden, sowie eine Partizipation und Selbstbestimmung von Menschen mit Behinderung gefördert werden[26].

Grundlage dieses Verständnisses von Behinderung ist das mittlerweile weit verbreitete „Soziale Modell". Dieses Modell wird als Nachfolger des „medizinischen Modells" gesehen, wonach Behinderung ein individuelles Merkmal in Folge einer Beeinträchtigung des Systems Körper verstanden wird. Damit kann sich der Fürsorgegedanke erklären lassen, der lange in der Behindertenhilfe Bedeutung hatte. Eine Übernahme von Tätigkeiten etc. ist deshalb nötig, da das Individuum eingeschränkt in seiner Möglichkeit ist[27].

Das soziale Modell lenkt den Fokus weg von dem Individuum, hin zur Gesellschaft. Demnach wird ein Mensch *behindert* durch die Umwelt und daraus resultierende Barrieren. Barrieren werden in diesem Modell von den Menschen aufgestellt, die sich als nicht-behindert sehen und Strukturen schaffen, die andere Menschen behindern. Durch dieses neue Verständnis wird die Gesellschaft klar mit in die Verantwortung gezogen und plädiert für eine verstärkte Kommunikation untereinander und ein Verstehen des Anderen. Die UN-BRK benennt zwar nicht eindeutig das soziale

[24] BMAS (1) 2016, S. 78
[25] Graumann 2011, zit. nach Bennewitz 2016, S. 104
[26] vgl. BMAS (1) 2016, S. 24
[27] vgl. Weinbach 2016, S. 114 f.

Modell als Verständnis für ihre Behindertendefinition, durch die Erwähnung der Wechselwirkung von Mensch und Umwelt, ist der Bezug aber eindeutig.

Das Menschen mit Behinderung nicht mehr in der Fürsorge verbleiben sollen, sondern eigenständig und selbstbestimmt über ihre Zukunft entscheiden sollen, setzt ein hohes Maß an Selbstständigkeit und Reflektiertheit voraus. Dies bietet Chancen und Risiken gleichermaßen. Durch ein hohes Maß an Selbstverantwortung und Mitwirkung, die von Bürgern gefordert wird, kann eben auch eine Überforderung und Ablehnung benötigter Leistungen entstehen. Gleichzeitig geht die Forderung nach einer Selbstbestimmung für behinderte Menschen einher mit einer Forderung der erhöhten Individualität, die sich durch alle Gesellschaftsschichten zieht[28].

Im ITP werden auf der ersten Seite die Art der Behinderung (geistig, seelisch, körperlich oder Beeinträchtigung der Sinne) vermerkt, sowie eine Verknüpfung mit dem ICD-Katalog. Dies geschieht an relativ unauffälliger Stelle, um eine Einordnung der Situation vorzunehmen, das Gespräch aber nicht ausschließlich auf die Behinderung zu beziehen.

2.3 Der personenzentrierte Ansatz

Der personenzentrierte Ansatz ist keine klassische Methode der Sozialen Arbeit, wie zum Beispiel die Sozialraumorientierung oder das Case-Management. Vielmehr umfasst er mehrere Grundlagen und Konzepte, die im Folgenden näher beleuchtet werden. Der personenzentrierte Ansatz ist ein relativ neues Konzept, welches in der einschlägigen Literatur erstmals 2008 erwähnt wird.[29]

„Die Personenzentrierung und Gemeinwesen-/Sozialraumorientierung von Hilfen für Menschen mit Behinderung und Hilfebedarf sind konzeptueller und untrennbarer Bestandteil von Inklusion, gleichberechtigter Teilhabe (Partizipation) und selbstbestimmter Lebensführung in der Gesellschaft."[30] Dies entspringt der Forderung, dass Bedarfe der Menschen nicht nach freien Kapazitäten in Einrichtungen ermittelt werden sollen, sondern sich an tatsächliche Gegebenheiten binden müssen. Erst nach dem festgestellten Bedarf, soll demnach eine passende Leistung gesucht werden. Der personenzentrierte Ansatz begründet somit den Weggang von dem fürsorgenden Charakter der Behindertenhilfe. Er agiert im Sinne

[28] vgl. Rohrmann / Weinbach 2017, S. 51
[29] vgl. Schäfers 2017, S. 35
[30] Windisch 2017, S. 127

einer Lebensweltorientierung, indem sich Leistungen der Lebenswelt der anspruchsberechtigten Personen anpassen[31]. Die Lebensweltorientierung ist auch ein Prinzip des ITPs. Dieser wird bedarfsgerecht ausgefüllt, wenn der Sozialraum, Wünsche und Ressourcen der Bürger erfahren werden.

Für personenzentrierte Hilfen sind ausreichend sozialräumliche Versorgungsstrukturen Voraussetzung. Der LK MSE ist ausgeprägt ländlich strukturiert, so ist beispielsweise der ÖPNV gering ausgebildet. Bestehende Angebote sind damit schlecht erreichbar. Weiterführend bedeutet personenzentriertes Arbeiten dann, fehlende Angebote in der Versorgungsstruktur sichtbar zu machen und auszubauen. Bei bundes- und landespolitischen Reformen sollte dieser Umstand mitbedacht werden und Rahmenbedingungen geschaffen werden, dies auszubauen.

Weiterhin ist zu beachten, dass die Personenzentrierung durch sozialpolitische Maßnahmen vorangetrieben wird und mit der Umstellung auf einheitliche Bedarfsermittlungen, ausgehend von Leistungsträgern, dem Staat eine vermehrte Steuerungsfunktion zuteil kommt. Dadurch, dass (zumeist benötigte) Hilfen, nur nach Antragsstellung geleistet werden und mit dem Gesamtplanverfahren ein sehr zeitaufwändiges, bürokratisches Verfahren eingeführt worden ist, sind eben diese Hilfen kaum flexibel installierbar und es muss davon ausgegangen werden, dass sie nicht zeitnah erbracht werden können. Im LK MSE ist diesem Umstand Rechnung getragen, dass dringend benötigte Hilfen ohne vorheriger Bedarfsermittlung bewilligt werden. Außerdem wird nur ein Bruchteil der Fälle in der Eingliederungshilfe mit Hilfe des Gesamtplanverfahrens bearbeitet.

Im vorangegangenen Kapitel wurde das geänderte Behindertenmodell erläutert, da dieses von zentraler Bedeutung für diesen Ansatz ist. Wird der Mensch mit Behinderung als Individuum mit individuellen Fähig- und Fertigkeiten anerkannt und nicht als Individuum, welchem aufgrund von Defiziten geholfen werden muss, ergibt sich die Notwendigkeit eines personenzentrierten Unterstützungsbedarfes. Vereinfacht gesagt, ist dann die Frage: `Was will der Mensch?` die grundlegende Frage, auf die sich alle weiteren Hilfen begründen.

---

[31] Vgl. Schäfers 2017, S. 34

Partizipation und Selbstbestimmung wird in dieser Arbeit als die Fähigkeit verstanden, Entscheidungen eigenständig treffen zu können bzw. sich aktiv gegen eine Handlung zu entscheiden. Dafür sind einerseits eine Transparenz in Handlungsentscheidungen von beispielsweise Behörden (die im Hilfesystem der Eingliederungshilfe eine zentrale Funktion übernehmen) notwendig, um ein Für und Wider abwägen zu können. Andererseits sind komplexe kognitive Leistungen der Menschen mit Beeinträchtigung notwendig, wie Selbstreflexion, Abschätzen von Folgen einer Handlung etc. Sind diese nicht vorhanden, sollte moderne Behindertenhilfe diese Menschen dahingehend unterstützen, diese Fähigkeiten auszubilden. Und sie sollten so befähigt werden, Möglichkeiten zu finden, über ihre individuellen Belange zu entscheiden.

Um personenzentriert zu arbeiten, ist es wichtig, sich der eigenen Rolle während der Bedarfsermittlungen bewusst zu werden. Zwar ist der ITP als dialogischer Prozess ausgelegt, um gemeinsam einen Hilfeplan zu erarbeiten. Er ist aber ein sozialrechtliches Steuerungsinstrument. Die Sozialarbeiter kommen als Vertreter einer Behörde. Dies stößt bei manchen Menschen auf eine Abwehrhaltung. Zudem haben die Sozialarbeiter während den Bedarfsermittlungen letztlich eine gewisse Machtposition. Denn nach dem Aushandlungsprozess bei der Zielfindung, entscheiden sie, welche Ziele im ITP aufgenommen werden. Dessen sollte sich bewusst gemacht und unter Umständen am Anfang eines Gespräches auch thematisiert werden.

Letztlich setzt ein personenzentriertes Arbeiten voraus, dass die Akteure der verschiedenen Beteiligten bereit sind, dies zu tragen. So müssen die Mitarbeiter von Leistungsträger, Leistungserbringern und auch die gerichtlichen Vertretungspersonen regelmäßig geschult werden. Personenzentriertes Arbeiten sollte als Top-Down-Prinzip von den Geschäftsleitungen vorgelebt werden, dann kann es erfolgreich umgesetzt und gelebt werden[32].

3 Evaluation von Bedarfsermittlungen

Bevor es zur Darstellung des Fragebogens und seiner Auswertung kommt, wird eine Begriffsbestimmung der Evaluation vorgenommen. Die Darstellung folgt den Ausführungen von Gollwitzer / Jäger[33]. Nach den Autoren ist die Evaluation die

[32] vgl. Bennewitz 2016, S. 105
[33] Gollwitzer / Jäger 2014

Bewertung eines Prozesses oder eines Produktes, welche im Anschluss an die Umsetzung einer Maßnahme erfolgen kann. Eine Evaluation agiert in verschiedenen Rahmenbedingungen (parteilich, geschlossen, vertraulich, etc.), zu unterschiedlichen Zeitpunkten (prognostisch, prozesshaft, Ergebnis) und mit unterschiedlichen Durchführungsmodi (intern, extern, summativ, etc.). Bezugnehmend auf diese Logik, wurde eine Evaluation im Feld gewählt, die einen Prozess betrachtet (Umsetzung der Forderungen des BTHGs), die intern erfolgt (durch eigene Tätigkeit im Sozialamt). Ziel dieser Evaluation ist es, empirische Ergebnisse der Qualität der Bedarfsermittlungen zu erhalten und daraus Handlungsstrategien zu entwickeln, um eine Qualitätssteigerung zu erreichen. Die Aufbereitung der Daten folgt den Empfehlungen der Autoren Döring und Bortz[34].

3.1 Fragestellung und Methodenvorstellung

Der ITP wurde ab dem 01.01.2018 eingeführt und sollte das bisher verwendete Bedarfsermittlungsinstrument ersetzen. Derzeit werden nicht alle Fälle mit dem ITP bearbeitet, aufgrund der im vorigen Kapitel beschriebenen Fallzahlen. Im Vorfeld der Einführung wurden Mitarbeiter der Leistungserbringer und des Leistungsträgers in der Nutzung des ITPs geschult.

Nach einem Jahr der Einführung ist davon auszugehen, dass eine gewisse Routine in der Anwendung eingetreten ist. Doch wie fühlen sich die Bürger damit, die ja unmittelbar davon ‚betroffen' sind? Stehen ihre Wünsche und Ziele wirklich im Fokus der Bedarfsermittlungen? Werden die Bürger partizipativ an ihrer Hilfeplanung beteiligt und fühlen sie sich ausreichend über das gesamte Verfahren aufgeklärt?

Die Fragen entstanden aus der Überlegung heraus, dass die Bürger im Hilfeprozess nicht nach ihrem Empfinden gefragt werden. Dies kann aber eine wichtige Quelle für einen Informationsgewinn darstellen und neue Perspektiven eröffnen. Es kann herausgefunden werden, wie Hilfeprozesse erlebt werden und wie sie möglicherweise verbessert werden können. Für die Sozialarbeiter kann es außerdem zu einer Qualitätssteigerung führen, da sie eine Rückmeldung zu der Wirkung ihrer Arbeit erhalten. Diese ist in der Regel nicht messbar, da sie die Bürger nur sehr kurz begleiten und in sehr weiten Abständen wiedersehen. Eine Evaluation von Bedarfsermittlungen, an der die betroffenen Bürger teilnehmen, ist ein wichtiger

[34] vgl. Döring / Bortz 2016, S. 788 ff.

Schritt zur geforderten Teilhabe des BTHG. Denn gerade sie sollten die Umstrukturierungsprozesse aktiv mitgestalten, da sie direkt davon betroffen sind.

Die Sozialarbeiter des ASD bekundeten im Vorfeld der eigentlichen Erhebung ein großes Interesse an dieser Evaluation. Um die Forschungsfrage umzusetzen wurde eine Methode der quantitativen Sozialforschung gewählt, da qualitativ geführte Interviews keine Wirkungsorientiertheit erzielen können im Sinne der Forschungsfrage. Es sollte ein empirischer Fragebogen entstehen, mit dem in möglichst kurzer Zeit möglichst viele Bürger befragt werden können. Außerdem sollte er so aufgebaut sein, dass er auch zu einem späteren Zeitpunkt wiederverwendet werden kann und unabhängig vom Befrager benutzt werden kann. Der Fragebogen wurde dann auf Grundlage einer früheren Erhebung durch Herrn Professor Steinhart und seinen Teams erstellt. Diese führten im Jahr 2009 eine Erhebung zur Wirkung von Hilfeplankonferenzen in der Eingliederungshilfe durch[35]. Der damalige Fragebogen wurde freundlicherweise zur Verfügung gestellt. Aufbauend auf diesen und im Hinblick, dass keine Hilfeplankonferenzen, sondern Bedarfsermittlungen begleitet wurden, wurde ein eigener Fragebogen entwickelt.

Der Fragebogen wurde anonym erstellt, ohne dass Rückschlüsse auf eine Person gezogen werden können, weder auf die leistungsberechtigte Person, noch auf den zuständigen Mitarbeitenden im ASD. Damit soll sichergestellt werden, dass diese Befragungen keinen Einfluss haben würde auf eine Entscheidung über den Hilfeverlauf.

Es wurde eine 3-teilige Antwortskala ausgewählt, um klare Ergebnisse zu erhalten. Außerdem sollte so sichergestellt werden, dass die Befragung einen geringen zeitlichen Umfang in Anspruch nahm, um die Bürger nicht zusätzlich zu belasten. Aufgrund zeitlicher Rahmenbedingungen, wurden die Fragebögen nicht an zufällig ausgewählte Bürger geschickt. So sollte einer zu erwarteten geringen Rücklaufquote entgegengewirkt werden. Den Bürgern sollte durch eine persönliche Befragung die Möglichkeit gegeben werden, Verständnisfragen zu klären und Anmerkungen aufnehmen zu können.

Der Landesverband Sozialpsychiatrie e.V. stellte freundlicherweise ein Beobachtungsprotokoll für Hilfeplankonferenzen zur Verfügung. Dies bietet die

---

[35] vgl. Nerlich / Steinhart 2009, S. 25

Möglichkeit das subjektive Empfinden der Bürger mit einer objektiven Erhebungsmethode in Verbindung zu bringen und vergleichen zu können. Das Beobachtungsprotokoll besteht aus fünf Kategorien (Atmosphäre, Personenzentrierung, Lebensfeldorientierung, Zielorientierung, Überprüfung des regionalen Angebotes). Dabei wird eine klientenzentrierte Gesprächsführung bewertet, ob Fähigkeiten der Bürger einbezogen werden, das soziale Umfeld, regionale Angebote angesprochen und vorrangige Leistungen benannt werden. Außerdem kann beurteilt werden, ob Ziele eine wichtige Rolle gespielt haben, individuell formuliert werden und Ziele unabhängig von bestehenden Angeboten besprochen werden.

3.2 Der Fragebogen

Der Fragebogen lässt sich in vier Kategorien einteilen. Die ersten vier Fragen beziehen sich auf die Atmosphäre des Gesprächs bzw. die Gesprächsführungskompetenzen der Sozialarbeiter. Um ein angenehmes Gespräch zu führen und einen Rahmen zu schaffen, in denen der leistungsberechtigte Mensch, unter Berücksichtigung der relativ kurzen Zeit einer Bedarfsermittlung, alles sagen kann, was ihm wichtig ist, ist ein hohes Maß an Kompetenz nötig. Außerdem ist es nötig, seine Sprache den Fähigkeiten der Bürger anzupassen, um verständlich und klar kommunizieren zu können.

Die fünfte Frage fragt nach Veränderungen in der Beziehung zum primären Netzwerk. Die Umfeldarbeit und vorrangige Leistungen haben in der Erarbeitung des ITP eine hohe Bedeutung. So wird über Hilfen gesprochen, die schon in Anspruch genommen worden sind bzw. über Hilfen und Unterstützungen, die vom primären oder sekundären Netzwerk übernommen werden. Die Idee dahinter ist, mittels des Gespräches und `sichtbar` machen von bereits vorhandenen Netzwerken, den Kontakt (wieder) zu intensivieren oder wiederaufzubauen. Frage sechs und sieben gehen auf Zielfindung bzw. Wünsche der Bürger ein. Menschen, ganz gleich ob mit oder ohne Beeinträchtigung, werden selten nach ihren Zielen und Wünschen befragt. Aus diesem Grund kann die Zielfindung zu einer großen Hürde werden, da es schwerfallen kann, seine Bedürfnisse in Ziele zu formulieren. Dennoch steht und fällt die ganze Hilfeplanung mit den Zielen. Es sind Fingerspitzengefühl und ein Gespräch auf Augenhöhe von elementarer Bedeutung. Hilfreich ist es ebenfalls, wenn Bürger vorher mit anderen Menschen (meist Mitarbeitende der Leistungserbringer) darüber gesprochen haben. Gerade in der Arbeit mit Menschen, die kognitive Einschränkungen besitzen, ist es von zentraler Bedeutung nicht in fürsorgliche Muster zu verfallen und Ziele *für* diese Menschen zu formulieren.

Die letzten drei Fragen evaluieren im Ansatz das Gesamtplanverfahren. Hierbei geht es um die Dauer der Bedarfsmittlungen und ob die Bürger sich ausreichend über das weitere Vorgehen im Verfahren aufgeklärt fühlen, folglich der Informationspflicht nachgekommen worden ist.

Als Letztes werden statistische Daten erhoben. Dies sind die Art der Behinderung (körperlich, seelisch, geistig oder Behinderung der Sinne), sowie ob es sich um einen ‚Altfall' oder einen ‚Neufall' handelt. Bei Altfällen ist davon auszugehen, dass die Bürger vor den stattfindenden Bedarfsermittlungen schon mit Mitarbeitern über ihre Wünsche und Ziele gesprochen haben.

Den Bürgern wurde die Möglichkeit gelassen, Anmerkungen zu dem Gespräch zu geben, sowie weiterführende Anmerkungen zu ihren Antworten. So sollte bei negativen Antworten, ein Verständnis dafür entwickelt werden, wieso diese Antwort gewählt worden ist.

3.3 Die Durchführung

Im Sommersemester 2018 absolvierte ich mein Praktikum im Sachgebiet der Eingliederungshilfe und arbeite seitdem als studentische Hilfskraft in diesem Bereich. So erhielt ich Zugang zu der mich interessierenden Zielgruppe. Der vorhandene Fragebogen wurde auf die Belange dieser Befragung angepasst. Danach wurde eine Erlaubnis bei der Sachgebietsleiterin der Eingliederungshilfe eingeholt, da Daten von leistungsberechtigten Personen erhoben werden. Diese wurde erteilt, da die Befragung anonym erfolgte. In Abstimmung mit zeitlichen Rahmenbedingungen ergab sich schließlich die Begleitung von vier der zwölf Mitarbeiter des ASD. Im Vorfeld erfolgte keine Auswahl der zu befragenden Personen. Es wurden die Bürger befragt, die an besagten Tagen Termine für eine Bedarfsermittlung hatten. Es wurden so viele Befragungen durchgeführt, wie Termine an den Tag hatten. Damit soll ein gewisser Stichprobencharakter sicherstellt werden.

Die Befragungen fanden von April bis Anfang Mai 2019, an sechs unterschiedlichen Tagen mit zwölf verschiedenen Bürgern statt und umfassten je Bürger ca. 10 Minuten Zeitumfang. Die Sozialarbeiter kündigten die Befragung bei der Terminvergabe mit an, stellten mich vor der Bedarfsermittlung vor und fragten die Bürger dann um Erlaubnis. Der Befragung und dem Beiwohnen während des Gespräches wurde von allen Bürgern zugestimmt. Es wurde klargestellt, dass ich in der Rolle der Studentin anwesend war, keine sensiblen Daten aufnahm, keine Notizen machte und der Schweigepflicht unterlag.

Um nicht unbewusst Einfluss auf das Gespräch zu nehmen, wurde sich während der Gespräche abseits der Runde gesetzt. Je nach räumlichen Gegebenheiten wurde versucht weder mit den Bürgern noch mit den Sozialarbeitern im direkten Blickkontakt zu stehen. Damit sollte sichergestellt werden, dass keine Beeinflussung durch Mimik oder Gestik etc. vorgenommen wurde. Weiterhin sollte so vermieden werden, eine unbewusste Rückversicherung herzustellen, ob die vermeintlich richtigen Aussagen getätigt werden. Es entstand nicht das Gefühl, dass während der Gespräche Notiz von mir genommen wurde. Es kann folglich angenommen werden, dass die Bedarfsermittlungen authentisch abliefen.

Nach den Bedarfsermittlungen fragten die Sozialarbeiter erneut, ob die Bürger bereit wären, an der Befragung teilzunehmen. Alle Bürger stimmten dem zu. Daraufhin verließen die Sozialarbeiter den Raum, Mitarbeiter der Leistungserbringer und die gesetzlichen Vertreter blieben bei drei von zwölf Befragungen mit im Raum. Es wurde erneut darauf hingewiesen, dass keine inhaltlichen Themen aufgegriffen werden und im Anschluss keine Auswertung mit den Sozialarbeitern erfolgte.
In der anschließenden Befragung bildete sich das subjektive Empfinden, dass alle Teilnehmer sich mit ihrer Antwort Zeit ließen und über die Fragen und Antworten nachdachten. Es wurde durch die Bürger nicht auf Verständnisprobleme hingewiesen, hier entstanden somit keine weiterführenden Fragestellungen.

3.4 Die Auswertung

Die Auswertung erfolgte anhand der im Vorfeld eingeteilten vier Kategorien, mit Hilfe des Computerprogrammes `Excel`. Alle Bürger beantworteten alle Fragen, es wurden keine Fragen ausgelassen. Anmerkungen gab es vereinzelt zu manchen Fragen, ohne dass daraus ein Muster gebildet werden konnte. Ein Bürger gab eine lange Anmerkung. Alle Anmerkungen wurden codiert in WORD und nach Kategorien zusammengefasst, um einen Überblick über die gegebenen Antworten zu erhalten. Wenn Bürger Namen der Leistungserbringer genannt haben, wurden diese von mir als Leistungserbringer benannt.

Die Fragebögen wurden nummeriert, mit der Nummer der Befragung und dem Datum der Erhebung (1-9419 bis 12-2519). Es wurden die gegeben Antworten eingepflegt, sowie das Alter, die Form der Erkrankung und ob es ein Bestands- bzw. ‚Neufall' war.

Aus den eingepflegten Antworten wurden Diagramme erstellt. Außerdem erfolgte eine prozentuale Auswertung, um diese besser im Fließtext einarbeiten zu können.

Bei den Beobachtungsprotokollen wurde ein Gesamtscore ermittelt, indem die erzielten Punkte berechnet wurden, sowie die mögliche Gesamtpunktzahl. Die Nutzung dieses Protokolls ermöglicht es, dem subjektiven Antworten der befragten Personen, eine objektivere Perspektive hinzuzufügen.

4 Die Ergebnisse

Die Ergebnisse werden in den vorher festgelegten Kategorien ausgewertet, da so Sinneinheiten gebildet werden und Schlüsse gezogen werden können. Zuerst wird die Idee für die Fragen erklärt, danach erfolgt eine prozentuale Bewertung der Ergebnisse mit einer graphischen Darstellung zur besseren Übersicht. Es erfolgt eine Auswertung der zufällig ausgefüllten Beobachtungsprotokolle und eine kritische Bewertung der Ergebnisse. Handlungsempfehlungen, die sich daraus ableiten lassen können, folgen im sechsten Kapitel. Die Ergebnisse wurden dem Allgemeinen Sozialen Dienst in schriftlicher Form zur Verfügung gestellt, um eine Rückmeldung über die Arbeit zu geben und zu Zwecken einer möglichen Qualitätssteigerung der Arbeit beizutragen.

4.1 Die Atmosphäre

Die ersten vier Fragen beziehen sich zusammengefasst auf die Atmosphäre während des Gespräches. Ein offenes Arbeitsklima, mit gemeinsamen Arbeitsverständnis hilft dabei, die Ziele zu formulieren, die für die Bürger wichtig sind. Wie weiter oben beschrieben, hat dies zum einen mit den Gesprächsführungskompetenzen der Sozialarbeiter zu tun. Auf der anderen Seite muss das der ITP, den Raum bieten, sich auf die Bürger fokussieren zu können. Um dies greifbar zu machen, wurden den Bürgern Fragen gestellt, die ihr subjektives Empfinden widerspiegeln. Der ITP ist als Gesprächsleitfaden konzipiert worden, dennoch ist er ein bürokratisches Mittel, um eine Hilfeplanung abrechenbar zu machen. Dafür ist es notwendig und von den Bürgern gefordert, über sehr private Dinge zu sprechen. Hier ist Fingerspitzengefühl nötig, sowie dem Menschen mit Behinderung auf Augenhöhe zu begegnen und nicht das Gefühl zu geben, dass sie kein Mitspracherecht haben. Dies deckt sich mit den Anforderungen des BTHG, die Bürger partizipativ zu beteiligen.

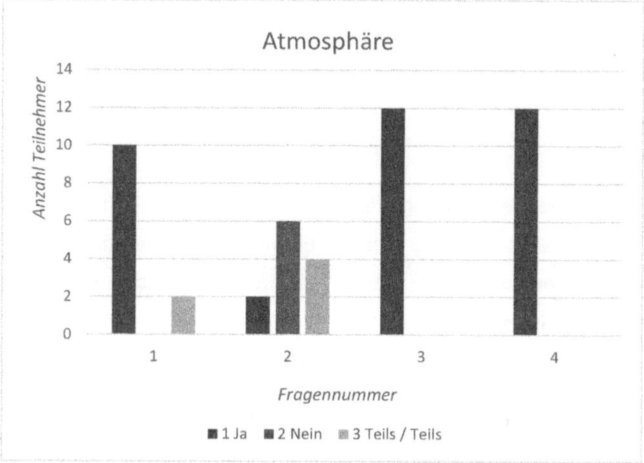

Abb. 1: Ergebnisse der ersten Kategorie (eigene Darstellung)

Die Befragung kommt in dieser Kategorie zu einem positiven Ergebnis. 83,3 % der befragten Personen konnten dem Gespräch gut folgen, alle fühlten sich ernst genommen und konnten das sagen, was ihnen wichtig war.

Mehrere Bürger gaben an, dass sie dem Gespräch gut folgen konnten, es aber sehr viele Fragen waren, die sich teilweise wiederholten. Diese Antworten spiegeln sich in der Beantwortung der zweiten Frage wider, ob die Bedarfsermittlung als anstrengend empfunden worden ist. 50% gaben an, dass sie es als nicht anstrengend empfanden, rund 33% schwenkten auf ‚Teils / Teils'. Von den Bürgern wurde angemerkt, dass zum Teil sehr persönliche und sehr viele Fragen auf einmal gestellt wurden. Dass der überwiegende Teil der befragten Menschen dem Gespräch gut folgen konnte, kann im Konzept des ITPs liegen, da dieser eine Struktur vorgibt. Andererseits spricht der hohe Zustimmungswert für die Kompetenzen der Sozialarbeiter, dass sie sich auf die Menschen einlassen können und das Gespräch so formulieren und gestalten können, dass die Teilnehmer folgen können.

Das viele Fragen beantwortet werden müssen, ist der Form der Erarbeitung geschuldet. So wurde der ITP von allen Sozialarbeitern ausgefüllt, im Gespräch mit den Bürgern. Es gab nicht die Möglichkeit, dass die Bürger den ITP selbstständig ausfüllen, so wie es von Frau Gromann zum Beispiel mit Hilfe der Teilhabekiste erarbeitet worden ist (siehe weiter oben). Möglicherweise könnte die Belastung durch die Anwendung dieser Methode verringert werden. Die Menschen können den Plan dann in ihrem Tempo ausfüllen und würden unter Umständen auf Ziele kommen, die sie sich sonst nicht trauen würden, zu benennen. Dadurch, dass aber alle Bürger angaben, dass sie das sagen konnten, was ihnen wichtig war, ist dies nur eine Hypothese.

Eine Bedarfsermittlung stellt für die Bürger eine Ausnahmesituation dar. In kürzester Zeit müssen sie Ziele formulieren und über persönliche Angelegenheiten sprechen. Außerdem stehen sie unter Druck, da klar ist, dass von diesem Gespräch abhängig ist, ob die Hilfen installiert werden bzw. weiterbewilligt werden. Dadurch steigt der Stresspegel und das Gespräch wird automatisch anstrengend.

Die Antworten der Bürger decken sich mit den Beobachtungen aus den ausgewerteten Beobachtungsprotokollen. In der Kategorie ‚Atmosphäre' wurde ein Gesamtwert von 51, bei möglichen 60 Punkten erzielt. Den Sozialarbeitern gelang es damit, ein angenehmes Klima herzustellen. Am Anfang der Gespräche wurde der Ablauf des Termines erklärt, so wurde ein gemeinsames Arbeitsverhältnis aufgebaut. Auf Fragen der Bürger wurde ausreichend eingegangen.

4.2 Das Netzwerk

Frage vier bearbeitet das soziale Umfeld der Menschen. In den ITP werden erfolgte Umfeldleistungen in den letzten Monaten erfragt, sowie über das soziale Umfeld im Allgemeinen gesprochen. Auf Seite drei des ITPs werden neben den Fähigkeiten, auch Unterstützungsleistungen von Angehörigen miterfasst. Durch das Gespräch darüber, können Ressourcen in diesen Bereich aktiviert werden.

Die Ergebnisse fallen sehr differiert aus. Rund 33% der Personen bejahten diese Frage, dagegen verneinten genauso viele und 25% antworteten mit ‚Teils / Teils'.

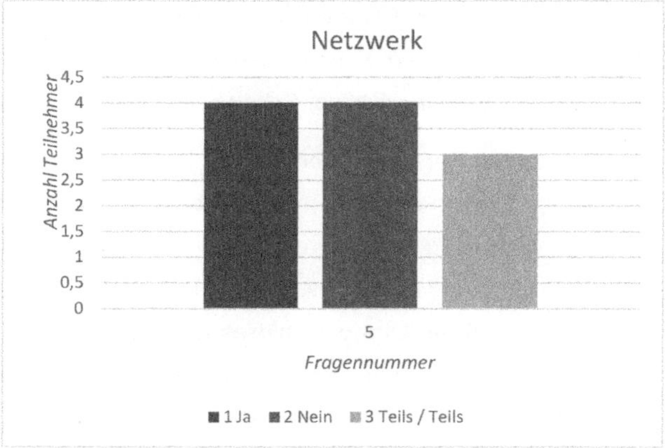

Abb.2: Ergebnisse der zweiten Kategorie (eigene Darstellung)

Die Anmerkungen dazu fallen ebenso unterschiedlich aus. Eine Person gab an, dass Freunde weit weg wohnen und die Familie versucht ihn einzubinden, sie aber keine barrierefreie Wohnung bewohnen. Eine weitere Person, wünsche sich mehr Kontakt, dieser gestalte sich aber schwierig. Eine Anmerkung besagt, dass gerade das ein Ziel sei und ein soziales Umfeld aufgebaut werden solle. Eine Person äußerte, dass sich durch das Gespräch tatsächlich etwas geändert hat und es wieder vermehrt Kontakt zum Bruder gibt.

Die Ergebnisse lassen mehrere Schlüsse zu. Menschen mit Behinderungen leben zumeist isoliert und ohne nennenswertes soziales Umfeld[36]. Die Ursachen dafür sind vielfältig, würden den Rahmen dieser Arbeit aber übersteigen. Die Anmerkung einer Person, dass gerade das das Ziel ist, ein soziales Umfeld aufzubauen, ist dahingehend interessant. Es zeigt nämlich genau diese Richtung an. Möglicherweise ist der ITP für diese Anforderung nicht das richtige Instrument, da es keine direkte Netzwerkarbeit ausübt. Zwar können durch Gespräche über bisher geleistete Unterstützungen, Ressourcen in diesem Sinne aktiviert werden, es würde aber die Dauer einer Bedarfsermittlung sprengen, direkt daran zu arbeiten. Das Aufführen von schon vorhandenen Unterstützungsleistungen im sozialen Umfeld, nimmt zudem die Vorrangigkeit nicht-professioneller Hilfen in die Pflicht. Leistungen der Eingliederungshilfe sind eine nachrangige Hilfe (siehe Kapitel 1.4).

---

[36] vgl. BMAS 2016 (2), S. 83 und S. 384

Wenn der Kontakt zu Familie und Freunden verstärkt wird, könnten Leistungen der Eingliederungshilfe verringert werden und eine Ablösung von staatlichen Leistungen erfolgen, welches ein wichtiger Schritt in ein selbstbestimmtes Leben ist.

Alle befragten Personen wohnten in einer eigenen Wohnung mit ambulanter Betreuung bzw. in Aussicht einer ambulanten Betreuung. Dieses eigenständige Wohnen wurde von den Sozialarbeitern unterstützt und nicht in Frage gestellt. Vor diesem Hintergrund ist die Aussage von manchen befragten Personen, dass sie kein soziales Umfeld besitzen oder dieses ausbauen wollen, alarmierend zu bewerten. Zwar kann es zu einem selbstbestimmten Leben dazugehören, in einer eigenen Wohnung zu wohnen. Ohne tragfähiges soziales Umfeld ist dies aber kritisch zu bewerten, da dies eine soziale Isolation begünstigen kann.

Aus den Beobachtungsprotokollen ist abzuleiten, dass das regionale Angebot bei der Beratung eine eher untergeordnete Rolle spielt. Leistungen vorrangiger Träger kommen in Betracht, wenn sie schon angenommen werden, eine regionale Überprüfung von bestehenden Angeboten erfolgt nicht.

4.3 Die Ziele

Der nächste Fragenkomplex beschäftigt sich mit den gewünschten Zielen, sowie der Zielerarbeitung. Die Ziele nehmen mit der Seite zwei im ITP einen exponierten Platz ein, außerdem sind ohne Ziele keine Leistungen möglich. Dennoch ist das eine große Herausforderung und für eine gelingende Bedarfsermittlung vom Vorteil, wenn die Bürger sich im Vorfeld über ihre Ziele Gedanken machen. Diesen Gedanken folgend, antworteten 83% der Menschen, dass sie vor dieser Bedarfsermittlung mit Mitarbeitern über ihre Ziele gesprochen haben. 91% gaben an, dass ihre Ziele eine wichtige Rolle gespielt haben.

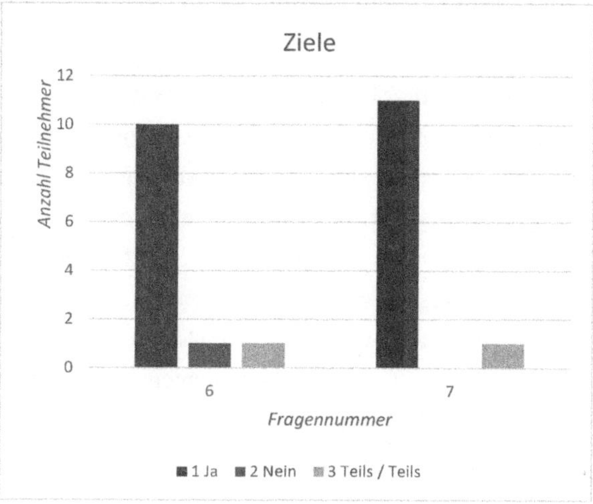

Abb. 3: Ergebnisse der dritten Kategorie (eigene Darstellung)

Diejenigen die vorher schon einmal mit Mitarbeitern über ihre Ziele gesprochen haben, taten dies mit Mitarbeitern der Leistungserbringer bzw. vom Sozialpsychiatrischen Dienst oder ihrer gesetzlichen Vertretung. Dies ist vom Vorteil, da die Bürger sich so im Vorfeld der Bedarfsermittlung schon mit ihren Wünschen auseinandergesetzt haben und diese dann klarer formulieren können. Gerade bei der Zielformulierung ist es wichtig, diese individuell und der Lebenssituation des Menschen angepasst zu formulieren und keine ‚Ziele von der Stange' aufzunehmen. Dass der überwiegende Teil der befragten Personen vorher schon mit anderen Menschen über ihre Ziele und Wünsche gesprochen hat, spricht allerdings auch für ein funktionierendes Hilfesystem. Da alle Personen mit Mitarbeitern gesprochen haben, die sich im Hilfesystem befinden, wissen diese durchaus von der Zielformulierung im ITP und können dahingehend unterstützend tätig werden.

Der hohe Zustimmungswert bei der Frage, ob die eigenen Ziele eine wichtige Rolle bei der Bedarfsermittlung gespielt haben, spricht für den Aufbau des ITPs. Wie in den vorherigen Kapiteln beschrieben, ist die Zielformulierung die bedeutendste Aufgabe des Bogens. Insofern ist es von zentraler Bedeutung, dass die persönlichen Ziele der Menschen eine wichtige Rolle spielen. Die Bedarfsermittlung wäre hinfällig, wenn dies nicht so wäre.

Dieser Zustimmungswert spricht für einen gut funktionierenden personenzentrierten Ansatz. Der ITP wurde bei allen Befragungen gemeinsam mit den Menschen ausgefüllt, sie wurden am Gespräch beteiligt und es wurde sich mit den Zielen auseinandergesetzt (z.B. ob sie umsetzbar sind). Hier kann durchaus davon gesprochen werden, dass der Weg zur Teilhabe gut gelingt. Den Sozialarbeitern gelingt es, die Bürger in die Bedarfsermittlungen einzubeziehen. Für einen gelingenden Hilfeprozess ist es notwendig, dass die gewählten Ziele als wichtig empfunden werden. Nur wenn ein Mensch sich mit den Zielen identifizieren kann, besteht eine große Chance diese auch zu erreichen. Eine Identifizierung mit den Zielen und eine eigenständige Formulierung dieser, kann zu einem selbstbestimmteren Leben führen. Zu beachten ist hierbei allerdings, dass die Befragungen ausschließlich bei Personen vorgenommen wurden, die in einem ambulanten Setting, das heißt mit einem geringen Unterstützungsbedarf, betreut werden.

Aus den Beobachtungsprotokollen geht hervor, dass die Zielformulierung das bestimmende Thema während den Bedarfsermittlungen war. Außerdem wurden sie in den überwiegenden Fällen individuell formuliert. Die Bedarfsermittlungen, die durch mich begleitet wurden, fanden mit Bürgern statt, die zu einer individuellen Zielformulierung in der Lage waren.

4.4 Das Verfahren

Die vierte Kategorie enthält Fragen zum Verfahren. Da das Gesamtplanverfahren eine gesetzliche Vorgabe des Landes Mecklenburg-Vorpommerns ist, ist nicht davon auszugehen, dass sich an der Struktur etwas ändern kann. Dennoch ist es möglich, dieses Verfahren so zu gestalten, dass die betroffenen Personen so wenig wie möglich in eine Stresssituation versetzt werden. Dafür wurden Fragen über das subjektive Empfinden gewählt und abschließend gefragt, ob es Anmerkungen zu dem Verfahren bzw. der Bedarfsermittlung gibt.

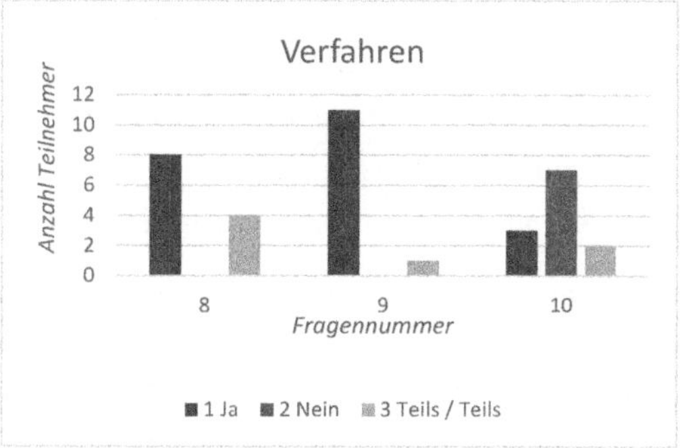

Abb. 4 Ergebnisse der vierten Kategorie (eigene Darstellung)

Auf die Frage, ob die Menschen das Gefühl haben, jetzt das zu bekommen, was sie benötigen, antworteten ca. 67% positiv. Anmerkungen hierzu fielen unterschiedlich aus. Es wurde angegeben, dass die Hilfen grundsätzlich unbekannt sind und nicht bekannt ist, was auf die Bürger zukommt. Andere wollten auf den nächsten Termin warten bzw. die Entscheidung der Sachbearbeitung abwarten. Eine Person gab an, dass an sich selbst gearbeitet werden müsse. Diese Frage korreliert mit der nächsten Frage, ob die Menschen sich ausreichend über das Verfahren aufgeklärt fühlen. Damit soll abgefragt werden, ob die Sozialarbeiter der Informationspflicht nachkommen und eine beratende Rolle einnehmen, die ihnen in den Umsetzungsvorgaben des Gesamtplanverfahrens zugeschrieben wird. Außerdem führen ausreichende Informationen dazu, dass die Menschen erfahren, was in ihrer Zukunft passiert und können möglicherweise beruhigter in diese schauen. Auch spiegelt sich der personenzentrierte Ansatz wider, dass den Bürgern auf Augenhöhe begegnet und nicht über ihre Köpfe hinweg entschieden wird. Ein wichtiger Schritt in ein selbstbestimmtes Leben. Die Frage ob sie sich ausreichend aufgeklärt fühlen, beantworteten 92% der Menschen positiv. Die Antworten decken sich mit meinen Ergebnissen aus den Beobachtungsprotokollen. Den Bürgern wurde ausnahmslos freundlich gegenübergetreten, sie wurden konstruktiv in die Gespräche mit eingebunden und es stand immer ausreichend Zeit zur Verfügung.

An dieser Stelle sei angemerkt, dass während den Bedarfsermittlungen keine Entscheidungen über die möglicherweise folgenden Hilfen erfolgt. Die Bescheidung erfolgt durch die Sachbearbeitung. Dies bedeutet, dass während des Gesprächs zwar eine Richtung vorgegeben werden kann, welche Leistungen in Frage kommen (z.B.

ambulante oder stationäre Betreuung), es aber nicht zu einer abschließenden Aussage kommen wird. Dadurch kann es bei den Bürgern zu Unsicherheiten kommen, was sie erwartet und ob sie überhaupt Leistungen bewilligt bekommen. Aus diesem Grunde sind die Ergebnisse, ob die Bürger das Gefühl haben, dass sie das bekommen was sie brauchen, möglicherweise nicht durchweg positiv.

Die Durchschnittsdauer der Bedarfsermittlungen betrug rund 80 Minuten. Bei drei Bedarfsermittlungen wurde während eines ersten Termines teilgenommen, bei drei anderen an einem Folgetermin. Sechs Bedarfsermittlungen wurden während eines Termines abgeschlossen. Vermutlich durch die Aufteilung der Bedarfsermittlungen auf mindestens zwei Termine, empfanden 58% die Bedarfsermittlungen als nicht zu lange, 25% empfanden sie als zu lange. Begründet wurde dies durch die Bürger damit, dass sehr viele, zum Teil sehr persönliche, Fragen gestellt worden sind. Außerdem merkten einige Bürger an, dass sie sich nicht so lange konzentrieren konnten. Vor den Gesprächen wurde den Bürgern die Möglichkeit eingeräumt, Pausen festzulegen, wenn die Konzentration nachließe. Dies wurde von einer Person in Anspruch genommen.

Eine Person gab eine längere Anmerkung zum Verfahren und kritisierte den hohen bürokratischen Aufwand, sowie die langen Bearbeitungszeiten. Es werden elektronische Bescheide gewünscht bzw. keine, da die Zielvereinbarung mündlich erfolgt und dies nicht nochmal schriftlich niedergeschrieben werden muss. Der Datenschutz wurde damit bemängelt, da zu befürchten ist, dass die Daten andere Personen, außer den Mitarbeitern lesen. Zielvereinbarungen sind ein Eingriff in die persönlichen Rechte, da über die erbrachten Leistungen Rückschlüsse auf persönliche Neigungen gezogen werden können. Dies wurde bemängelt, da demgegenüber ohne Zielvereinbarungen, keine Leistungen genehmigt werden. Außerdem werden die Voraussetzungen, um Leistungen zu erhalten, immer höher. Damit bemängelt diese Person genau die Schwachstellen des Gesamtplanverfahrens.

In den Umsetzungsvorgaben zum Gesamtplanverfahren werden keine zeitlichen Vorgaben zur Dauer vorgeschrieben, sie richtet sich nach dem Einzelfall. Bemerkenswert ist deshalb, dass sich die Gespräche auf eine Dauer von rund 80 Minuten eingependelt haben. Im Vorfeld der Erhebung stand die Überlegung, ob es den Bürgern möglich ist, während den relativ kurzen Bedarfsermittlungen, alles zu sagen, was sie für wichtig empfinden. Dies bejahten alle Bürger. Dies kann für die Beratungskompetenz der Sozialarbeiter sprechen, denen es gelingt, während der Termine gute Ziele zu finden. Möglicherweise liegt hier aber auch eine Fehlerquelle, wie im folgenden Kapitel beschrieben.

Darstellung der Fehlerquellen

Im Folgenden werden mögliche Fehlerquellen diskutiert, um die Ergebnisse der Befragung besser einordnen zu können.

Die größte Fehlerquelle liegt in der geringen Anzahl der Befragungen (n=12). Es hat keinen repräsentativen Charakter, wenn man die Anzahl der Hilfeempfänger heranzieht. Es können keine aussagekräftigen Hypothesen abgeleitet werden, sondern nur Ansätze gebildet werden, die es weiter zu erforschen gilt.

Ein standardisierter Fragebogen birgt außerdem das Risiko, dass manche Fragen unverständlich formuliert sind und so von den befragten Personen nicht beantwortet werden können (Indikator durch vermehrte Auswahl von ‚Teils / Teils' bei Frage zwei und acht mit einer Ausprägung von je vier). Diese Fehlerquelle hätte mit einem Pre-Test möglicherweise umgangen werden können, hätte aber den zeitlichen Rahmen der Bearbeitungszeit überstiegen.

Um eine größere Stichprobe zu erzielen, wäre es möglich gewesen, den Fragebögen den Sozialarbeitern mitzugeben und durch sie ausfüllen zu lassen. Dann hätte aber das Risiko bestanden, dass die Bürger das Gefühl bekommen hätten, nicht kritisieren zu dürfen, um so einer negativen Bescheidung ihrer Hilfeleistung zu umgehen. Die Sozialarbeiter verließen deswegen im Anschluss an die Bedarfsermittlungen den Raum. Es entstand der Eindruck, dass die Bürger ernsthaft über die Fragen nachdachten und ehrlich antworteten. Weiterhin ist anzumerken, dass die Sozialarbeiter ihre Bedarfsermittlungen unbeeinflusst durch meine Person durchführten, da sie so abliefen, wie sie im Praktikumssemester abliefen.

Die Fehlerquelle einer unbewussten Beeinflussung der Bedarfsermittlungen wurde versucht zu minimieren, kann aber durch die bloße Anwesenheit meiner Person dennoch erfolgt sein. Einige Bürger suchten durch Blickkontakt den direkten Austausch mit mir, die meisten und die Sozialarbeiter taten dies nicht. Dadurch das ich als zusätzliche Person mit im Raum anwesend war, veränderte sich die Dynamik des Gespräches. Es ist davon auszugehen, dass die Bedarfsermittlungen anders abgelaufen wären ohne meine Anwesenheit. Die Befragung kann durch diese Tatsache aber nur gering beeinflusst worden sein, vermutlich eher die Beobachtungsprotokolle.

Die Autoren Glantz / Michael beschreiben sogenannte Interviewereffekte[37]. Dabei ist davon auszugehen, dass eine Befragung entscheidend von der Person beeinflusst werden, die die Fragen stellt. Dies kann durch Stimmlage, veränderte Fragestellung etc. geschehen. Die Antworten bleiben somit ein Abbild eines Momentes. Die befragten Personen werden eher positive Antworten gegeben haben, da ich in Begleitung der Sozialarbeiter kam und somit in einem Verhältnis zu diesen stand. Dies sollte dadurch umgangen werden, dass meine Rolle als Studentin im Vorfeld offengelegt wurde.

Die hohen Zustimmungswerte in der Kategorie ‚Atmosphäre' sprechen natürlich für die Kompetenzen der Sozialarbeiter und können ferner auf das Phänomen der ‚sozial verträglichen' Antworten zurückzuführen sein. Befragte Personen antworten eher das, was sie vermuten, dass der Interviewer von ihnen erwartet.

Stimmungen und unangenehme Situationen (wie das Gefühl, nicht ernst genommen zu werden bzw. nicht all das sagen zu können, was einem wichtig ist) erst wahrzunehmen und dann benennen können, erfordert hohe kognitive Leistungen. Dies dann zu kritisieren, indem bei dem Fragebogen eine negative Antwort gegeben wird, benötigt zusätzlich Mut. Befragte Personen neigen dann dazu, die Fragen positiv zu beantworten. Desweitern sollten idealerweise Anmerkungen gegeben werden, die Stimmungen mussten somit dazu noch verbalisiert werden. Vermutlich wurde dann häufig der einfachere Weg einer positiven Antwort gewählt.

Möglicherweise war der Zeitpunkt der Befragung direkt im Anschluss an Bedarfsermittlungen nicht optimal. Als Anmerkung gaben viele Bürger an, dass ihnen von den Sozialarbeitern viele Fragen gestellt wurden. In meiner Befragung wiederholte sich dies, wenn auch in einfacherer Form. Dennoch ist der subjektive Eindruck im unmittelbaren Anschluss an eine Erfahrung am veritabelsten und dies wollte ich nutzen. Durch die Beobachtungsprotokolle war es mir zudem möglich, meine Eindrücke mit denen der Bürger in Bezug zu setzen.

[37] vgl. Glantz / Michael, S. 315

Bei den Ergebnissen, gerade bei den Beobachtungsprotokollen, ist meine Rolle zu beachten. Dadurch, dass ich ebenfalls im ASD tätig bin, ist mir durchaus eine gewisse Objektivität abzuerkennen. Zwar habe ich versucht mich bei den Bedarfsermittlungen außen vor zu halten und die Beobachtungsprotokolle objektiv auszufüllen, es stellt dennoch eine Fehlerquelle dar. Das standardisierte Protokoll hat bei der Einhaltung einer Objektivität unterstützt.

Eine dreiteilige Antwortskala, wie in diesem Fragebogen gewählt, kann kritisch bewertet werden. Befragte Personen werden gezwungen, der fragenden Aussage zuzustimmen oder sie abzulehnen, es gibt keine Zwischentöne. Als Ausweichmöglichkeit wurde ‚Teils / Teils' gewählt, um die Entscheidung etwas zu vereinfachen. Eine vermehrte Auswahl von ‚Teils / Teils' kann dem Umstand geschuldet sein, dass die befragten Personen sich eben nicht eindeutig entscheiden konnten. Dies ist bei den Fragen 2 und 5 zum Teil gegeben. Alle anderen Fragen wurden aber eindeutig von den Bürgern beantwortet, ich hatte den Eindruck, dass sie sehr entschieden waren. Bei manchen Befragungen, schwankten die Bürger aber sehr, hier wäre eine mehrstufige Antwortmöglichkeit wünschenswert gewesen. Zwar wurden im Fragebogen statistische Daten über Alter, Geschlecht, Form der Behinderung und Anwesende während der Bedarfsermittlung miterfasst, später aber verworfen, da sie sich bei dieser Stichprobe als nicht ausschlaggebend für die Beantwortung der Forschungsfrage erwiesen.

Desweitern wurden nur Menschen im ambulanten Betreuungssetting befragt. Diese Menschen verfügen zumeist über die kognitiven Fähigkeiten, ihre Wünsche und Ziele verbalisieren zu können. Um ein breiteres Bild zu erlangen, wäre es wünschenswert, solch eine Befragung bei Personen durchzuführen, die in stationären Einrichtungen untergebracht sind. Diese Menschen leben in einem engmaschigen Betreuungssetting, die viel Struktur vorgibt. Eine Evaluation, die in diese Richtung geht, wird gerade von der Bundesregierung vorbereitet[38].

6 Ableitung von Handlungsempfehlungen

Handlungsempfehlungen können aufgrund der geringen Anzahl der befragten Personen nur im Ansatz gegeben werden und sind nur ein kleiner Ausschnitt aus der

[38] vgl. Schäfers et. al. 2016 (Internetquelle)

Praxis. Doch auch wenn sie nur ein Blitzlicht darstellen, bieten sie doch den Ansatz von Verbesserungen.

Herausragend zu beurteilen sind die überaus positiven Bewertungen im ersten Fragenkomplex. Den Sozialarbeitern ist es in allen begleiteten Gesprächen gelungen, die Bürger mitzunehmen und das Gefühl zu geben, dass sie ein gleichberechtigter Partner in der Bedarfsermittlung sind. Dies ist ein wichtiger Schritt auf den Weg zur geforderten Teilhabe. Wenn die Bürger das Gefühl haben, dass sie all das sagen können, was ihnen wichtig war, spricht das für den dialogischen Ansatz des ITP. Offensichtlich gelingt es durch dieses Bedarfsermittlungsinstrument den Bürger auf einer Ebene gegenüberzutreten, die es ermöglicht, einen Raum für eine positiv zu wertende Zielformulierung zu schaffen.
Da mehrere Bürger angaben, dass zu viele Fragen gestellt worden sind und die Bedarfsermittlung als anstrengend empfunden wurde, ist über alternative Erarbeitungsmethoden nachzudenken. Wie weiter oben beschrieben, sind die ITPs durch die Sozialarbeiter ausgefüllt wurden, gemeinsam mit den betroffenen Bürgern im Gespräch. Denkbar wäre, den Bürgern die Möglichkeit zu bieten, ihre Bögen selbstständig auszufüllen. Ansätze dafür sind mit ITP-Bögen in leichter Sprache und einer Teilhabekiste vorhanden. Eine Nutzung dieser müsste aber durch veränderte Strukturen in der Organisation begegnet werden. Es ist davon auszugehen, dass mit der selbstständigen Erarbeitung ein erhöhter Zeitbedarf entsteht, es bliebe zu klären, wie dieser abgefangen werden könnte.

Großer Handlungsbedarf besteht in der Netzwerkarbeit. Die Gründe für die heterogenen Antworten wurden weiter oben dargestellt. Dennoch deuten sie auf ein Problem hin: Menschen mit Behinderung leben zumeist isoliert, gerade auch im ambulanten Betreuungssetting. Es müssen Rahmenbedingungen geschaffen werden, dies abzufedern und aufzufangen. Die Möglichkeiten einer Bedarfsermittlung wird eine umfassende Netzwerkarbeit übersteigen, Bedarfe, die durch die Bürger in dieser Hinsicht angezeigt werden, werden im ITP aber aufgenommen. Die Umsetzung wird dann in die Verantwortung der Leistungserbringer übertragen. Es wäre darüber nachzudenken, ob es in den Aufgabenbereich des örtlichen Leistungsträgers fällt, einen Ausbau der regionalen Versorgungsstrukturen anzuregen. Denn der örtliche Leistungsträger hat die Übersicht über bestehende Angebote und würde die Möglichkeit besitzen, dies anzuzeigen.

Die Zielfindung wird durch die Bürger positiv erlebt. Hier liegt eindeutig eine Stärke des ITPs. Die Bürger können in die Lage versetzt werden, über ihre persönlichen Stärken und Wünsche nachzudenken. Durch regelmäßige Weiterbildungen und Schulungen, sowie Fallbesprechungen sollte daran gearbeitet werden, diese Arbeitsweise beizubehalten. Wie im Kapitel 2.3 beschrieben, erfordert ein personenzentriertes Arbeiten auch Kraftanstrengungen bei den ausführenden Mitarbeitern. Vor allem in Hinblick auf die Folgeplanungen, die nach dem Bewilligungszeitraum stattfinden werden. Die Bürger sollten bei diesen Gesprächen dann weiterhin unbedingt mit an der Planung beteiligt werden, so dass an möglicherweise nicht erreichten Zielen gearbeitet werden und aus Fehlern gelernt werden kann.

Die Antworten zum Verfahren fielen am differenziertesten aus. Um den Bürgern verstärkt das Gefühl zu geben, dass sie in Zukunft das bekommen werden, was sie benötigen, wäre es denkbar, dass eine verstärkte Beratung in diese Richtung erfolgt. So müsste vermehrt über bestehende Angebote beraten werden und wie die Zugangsvoraussetzungen dafür sind. Das birgt die Möglichkeit die Bürger mehr Entscheidungsgewalt zu gewähren und über ein vermehrtes Angebot wählen zu können. (Dies setzt allerdings eine vielfältigere Angebotsstruktur voraus.) Ihrer Beratungsfunktion über das Gesamtplanverfahren, kommen die Sozialarbeiter durchgehend nach. Ein wichtiger Schritt zu einer Teilhabe der Bürger, denn durch ausreichende Informationen, können sie sich eine eigenständige Meinung bilden und selbstständig Leistungen zustimmen oder eben auch ablehnen.

Die Offenlegung höchst persönlicher Dinge ist eine Krux des Verfahrens. Wie von einem Bürger kritisiert, werden Leistungen nur erbracht, wenn die Wünsche dahinter verständlich und nachvollziehbar sind. Die Bürger müssen also zum Teil ihre privatesten Dinge mit fremden Menschen diskutieren. Hier ist eine stets diskrete Arbeitsweise der Sozialarbeiter (und aller anderen beteiligten Personen) Voraussetzung, damit empathisch umzugehen. Es muss stets sensibel mit den Daten umgegangen werden und darüber nachgedacht werden, dass nur die Daten erhoben werden, die für die Entscheidung über die beantragten Leistungen notwendig sind. Dies wäre weiterhin wichtig, um die Dauer der Bedarfsermittlungen in zumutbaren zeitlichen Rahmen zu belassen. Die Sozialarbeiter befinden sich bei diesem Punkt in einem steten Zwiespalt, einerseits muss ausreichend Zeit zur Verfügung gestellt werden, auch um ein Vertrauensverhältnis aufzubauen, andererseits sollte die Dauer aber nicht die Belastungsgrenzen der Bürger übersteigen. Den Bürgern muss die Möglichkeit gegeben werden, die Dauer selbstständig festlegen zu können, die Bedarfsermittlung unterbrechen zu können (so wie es derzeit gehandhabt wird) und zu einem anderen Zeitpunkt fortzusetzen. Um einen Vertrauensaufbau zwischen Bürgern und Sozialarbeitern zu begünstigen, wäre zu überlegen, die Termine für die Bedarfsermittlungen grundsätzlich auf mindestens zwei Termine aufzuteilen. Dann würde bei den Bürgern der Druck sinken, in einem Termin alles sagen zu müssen, was als relevant empfunden wird. Es besteht dann auch die Chance, sich bis zu einem Folgetermin über eigene Ziele klar zu werden. Im LK MSE wird dies derzeit in die Verantwortung des ASD gelegt, wie dies umgesetzt wird. Einige Sozialarbeiter terminieren die Bedarfsermittlungen grundsätzlich auf zwei Termine, andere nur bei Bedarf. Allerdings ist bei dieser Herangehensweise dann zu beachten, dass die Bearbeitungszeiten steigen. Eine Lösung wäre hier, so viele Sozialarbeiter im ASD anzustellen, dass sich die Fallzahlen pro Mitarbeiter verringern und seitens der Sozialarbeiter nicht der Druck herrscht, möglichst viele Bedarfsermittlungen in kurzer Zeit zu erheben.

Bei steigenden Fallzahlen der leistungsberechtigten Personen ist zudem an die Belastung der Sozialarbeiter zu denken und es gilt, organisationelle Rahmenbedingungen zu schaffen, die es auch den Sozialarbeitern ermöglicht, eine für sie als gelungen empfundene Bedarfsermittlung durchzuführen.

7 Diskussion

Im theoretischen Teil der Arbeit wurde ein kritischer Blick auf die Umsetzung der UN-BRK in der Bundesrepublik geworfen, mit ihrer Niederschlagung im Bundesteilhabegesetzes, welches 2016 in Teilen in Kraft getreten ist. Es konnte gezeigt werden, dass die Umsetzung des BTHGs Mut und Willen erfordert, eine neue Perspektive in der Behindertenhilfe einzunehmen. Der IITP bietet dabei die Chance, den Menschen mit Behinderungen auf Augenhöhe entgegenzutreten. Denn diese Menschen sind durchaus in der Lage, für sich selbst zu sprechen. Die Bundesrepublik fordert mit dem BTHG eine inklusive Gesellschaft, setzt hohe Ziele. Es bleibt abzuwarten, ob diese Reformen die Eingliederungshilfe nachhaltig ändern können und darf in Zukunft nicht aus den Augen gelassen werden. Es wäre wünschenswert, die Ideen, die zum BTHG geführt haben, immer wieder kritisch zu beleuchten und mit wissenschaftlichen Arbeiten zu begleiten.

Diese Arbeit hat versucht eine Lücke zu schließen, zwischen den An- und Herausforderungen die das BTHG stellt und dem Erleben der direkt betroffenen Personen. Denn diese Menschen sind diejenigen, deren Position einerseits gestärkt werden soll, andererseits gibt es meiner Meinung immer noch viel zu wenige Studien, die sich mit deren Sicht beschäftigen. So wird zwar immer wieder davon gesprochen, Partizipation, Teilhabe und Selbstbestimmung zu stärken. Aber ist es wirklich so? Im praktischen Teil konnte dieser Frage im Ansatz nachgegangen werden. Der ITP (mit seiner strikten Umsetzung) bietet die Chance, den Wünschen und Zielen der betroffenen Bürger auf die Spur zu bekommen und ein Gespür dafür zu entwickeln, welche Bedarfe gedeckt werden müssen. Der Landkreis Mecklenburgische Seenplatte befindet sich dabei auf einem guten Weg, die Bürger sich als respektierte Verhandlungspartner erleben zu lassen.

Mit dieser Arbeit konnte nicht der ITP evaluiert werden, ob dieser als Instrument in der Lage ist, eine personenzentrierte Arbeit zu ermöglichen. Sie zielt aber darauf ab, dass für eine Stärkung der Teilhabe der Menschen mit Beeinträchtigung, es von Bedeutung ist, ihre Erfahrung in dem Prozess mit einzubeziehen. Die Bürger müssen ebenfalls den Prozess evaluieren dürfen. Denn sonst bleibt die Forderung nach Teilhabe und Partizipation nur eine leere Formel, die die betroffenen Menschen wieder ausschließt.

Im Laufe der Arbeit und bei den Befragungen, wurde aber auch ein anderer Bedarf sichtbar. Die Sozialarbeiter im Sozialen Dienst sind sehr daran interessiert, die Qualität ihrer Arbeit zu steigern und eine Rückmeldung über ihre Arbeit zu bekommen. Zusätzlich wurde ein Bedarf bei den Leistungserbringern deutlich, die ebenfalls daran interessiert sind, ihre Meinung zur Umsetzung des ITPs äußern zu können. Es wäre also denkbar, diese Evaluation als Anfang zu verstehen und in regelmäßigen Abständen zu wiederholen und auf Leistungserbringer zu erweitern. Außerdem empfinde ich es als wichtig, die Menschen zu befragen, die bis jetzt noch unterrepräsentiert in den Bedarfsermittlungen und bei dieser Befragung sind: die Menschen in stationären Einrichtungen.

Die Möglichkeit des ITPs, die regionalen Versorgungsstrukturen sichtbar zu machen sollte weiter genutzt werden. Durch das konsequente Notieren und Überprüfen von gegebener und fehlender Versorgung, kann die Versorgungsstruktur ausgebaut werden.

Um den Bogen zu meinem anfänglichen Zitat von Abraham Lincoln zu schließen: Moderne Behindertenhilfe sollte die Menschen dazu ermutigen, sich für ihre Belange und Ziele einzusetzen und sie umzusetzen.

8 Literaturverzeichnis

BAGüS- Bundesarbeitsgemeinschaft der überörtlichen Träger der Sozialhilfe: Orientierungshilfe zu den Leistungen zur Sozialen Teilhabe in der Eingliederungshilfe §§76 ff. i.V.m. 113 ff. SGB IX. März 2019. [URL: https://www.lwl.org/spur-download/bag/BAGueS_Orientierungshilfe_Leistungen_Sozialen_Teilhabe.pdf] (letzter Aufruf: 25.05.2019)

Becker, Uwe: Inklusion und Reform der Eingliederungshilfe: Forderungen der Leistungserbringer. In: Archiv für Wissenschaft und Praxis der Sozialen Arbeit, 3/14, S. 62 - 67

Bennewitz, Dirk: Anforderungen personenzentrierter Hilfen. In: Gromann, Petra (Hrsg.): Teilhabeorientierte Steuerung sozialpsychiatrischer Hilfen. Köln 2016, S. 103 - 134

BMAS - Bundesministerium für Arbeit und Soziales (Hrsg.): Unser Weg in eine inklusive Gesellschaft. Der Nationaler Aktionsplan der Bundesregierung zur Umsetzung der UN – Behindertenrechtskonvention. Berlin 2011

BMAS - Bundesministerium für Arbeit und Soziales (Hrsg.): Mehr Inklusion. Weniger Behindern. Nationaler Aktionsplan 2.0 der Bundesregierung zur Umsetzung der UN – Behindertenrechtskonvention (UN-BRK). Berlin 2016 (1)

BMAS - Bundesministerium für Arbeit und Soziales (Hrsg.): Zweiter Teilhabebericht der Bundesregierung über die Lebenslagen von Menschen mit Beeinträchtigungen. Teilhabe – Beeinträchtigung – Behinderung. Bonn 2016 (2)

Bosshard, Marianne / Ebert, Ursula / Lazarus, Horst: Soziale Arbeit in der Psychiatrie. Lehrbuch. 5., überarbeitete Auflage. Köln 2013

Deutscher Bundestag: Bundesdrucksache 19/4500 [URL: http://dipbt.bundestag.de/doc/btd/19/045/1904500.pdf] (letzter Aufruf: 25.05.2019)

Daßler, Henning: Zur Bedeutung von „Teilhabe" im sozialpsychiatrischen Kontext. In: Gromann, Petra (Hrsg.): Teilhabeorientierte Steuerung sozialpsychiatrischer Hilfen. Köln 2016, S. 136 - 149

Degener, Theresia: Die UN-Behindertenrechtskonvention. Ein neues Verständnis von Behinderung. In: Diehl, Elke / Degener, Theresia (Hrsg.): Handbuch Behindertenrechtskonvention. Teilhabe als Menschenrecht – Inklusion als gesellschaftliche Aufgabe. Bonn 2015, S. 55 – 74

Deutscher Verein für öffentliche und private Fürsorge e.V.: Empfehlungen des deutschen Vereins zur Bedarfsermittlung und Hilfeplanung in der Eingliederungshilfe für Menschen mit Behinderungen. Berlin 2009. [URL: https://www.deutscher-verein.de/de/uploads/empfehlungen-stellungnahmen/dv-06-09.pdf] (letzter Aufruf: 25.05.2019)

Döring, Nicola / Bortz, Jürgen: Forschungsmethoden und Evaluation in den Sozial- und Humanwissenschaften. 5. vollständig überarbeitete, aktualisierte und erweiterte Auflage, Berlin Heidelberg 2016

Glantz, Alexander / Michael, Tobias: Interviewereffekte. In: Baur, Nina / Blasius, Jörg (Hrsg.): Handbuch Methoden der empirischen Sozialforschung. Wiesbaden 2014, S. 313 - 322

Gollwitzer, Mario / Jäger, S.: Evaluation Kompakt. 2., überarbeitete Auflage. Weinheim 2014

Gromann, Petra: Manual und Schulung zur Anwendung ITP. Fulda 2017

Gromann, Petra / Brückner, Anke: Abschlussbericht zum Projekt „Wie misst man Teilhabe in der Eingliederungshilfe?". Fulda 2014 [URL: https://www.bagfw.de/fileadmin/user_upload/Qualitaet/WmmT/Wissenschaftlicher_Abschlussbericht_IPH.pdf] (letzter Aufruf: 25.05.2019)

Gromann, Petra: Ist eine teilhabeorientierte Steuerung möglich? In: Gromann, Petra (Hrsg.): Teilhabeorientierte Steuerung sozialpsychiatrischer Hilfen. Köln 2016, S. 52 - 76

Gromann, Petra / Deuschle, Andrea: Regionale Teilhabeindikatoren für eine teilhabeorientierte Steuerung der Eingliederungshilfe. In: Wansing, Gudrun / Windisch, Matthias (Hrsg.): Selbstbestimmte Lebensführung und Teilhabe. Behinderung und Unterstützung im Gemeinwesen. Stuttgart 2017, S. 117 – 126

Gromann, Petra: Umsetzungsbegleitung BTHG. Der integrierte Teilhabeplan „ITP" als Bedarfsermittlungsinstrument in mehreren Bundesländern. 2018. [URL: https://umsetzungsbegleitung-bthg.de/w/files/links-und-downloads/gromann-einfuehrung-itp-in-mehreren-bundeslaendern.pdf] (letzter Aufruf: 25.05.2019)

Haushaltsplan Sozialamt Landkreis Mecklenburgische Seenplatte 2017 – 2022 (unveröffentlicht)

Konrad, Michael: Zehn Jahre UN – Behindertenrechtskonvention. Inklusionstage und -feier ohne Menschen mit psychischer Erkrankung. Psychosoziale Umschau, 01/17, S. 19 - 20

Kommunaler Sozialverband Mecklenburg-Vorpommern: [URL: http://www.ksv-mv.de/] (letzter Aufruf: 25.05.2019)

Landesverband Sozialpsychiatrie M/V e.V.: Stellungnahme zum Entwurf des Ablaufs Gesamtplanverfahren Eingliederungshilfe ab 01.01.2018. Rostock 2018 [URL: https://www.sozialpsychiatrie-mv.de/PDF/Stellungnahme_LV_Sozialpsychiatrie_Prozessbeschreibung_Gesamtplanverfahren.pdf] (letzter Aufruf: 25.05.2019)

Lösekrug – Möller: Die Umsetzung des Bundesteilhabegesetzes. In: Aktion Psychische Kranke / Weiß, Peter / Fegert, Jörg M. (Hrsg.): Perspektiven für seelische Gesundheit und psychiatrische Hilfen. Bonn 2017, S. 25 - 33

Lück, Tanja / Gromann, Petra: Teilhabepläne selbst erarbeiten – zur Entwicklung der barrierearmen Software „MeinITP". In: Gromann, Petra (Hrsg.): Teilhabeorientierte Steuerung sozialpsychiatrischer Hilfen. Köln 2016, S. 42 – 50

Mausch, Peter: Die Bedeutung der UN-Behindertenrechtskonvention für die Reform des Teilhaberechts behinderter Menschen. In: Archiv für Wissenschaft und Praxis der sozialen Arbeit, 3/2014, S. 18 - 29

Maßnahmenplan zur Umsetzung der UN-Behindertenrechtskonvention im Zuständigkeitsbereich des Landkreises Mecklenburgische Seenplatte. Erweiterte Fassung. Neubrandenburg 2018. [URL: https://www.lk-mecklenburgische-seenplatte.de/media/custom/2761_432_1.PDF?1501662358] (letzter Aufruf: 25.05.2019)

Mische, Linda / Osterfeld, Margret: BRK fordert nutzerorientierte Versorgungsstrukturen. In: Psychosoziale Umschau, 3/15, S. 10 - 11

Mürner, Christian / Sierck, Udo: Das lange Weg zur Selbstbestimmung. Ein historischer Abriss. In: Diehl, Elke / Degener, Theresia (Hrsg.): Handbuch Behindertenrechtskonvention. Teilhabe als Menschenrecht – Inklusion als gesellschaftliche Aufgabe. Bonn 2015, S. 25 – 37

Nerlich, Christina / Steinhart, Ingmar: Stell dir vor, es ist Hilfeplankonferenz und alle sind zufrieden. In: Psychosoziale Umschau, 03/2009, S. 25 – 28

Rohrmann, Albrecht / Weinbach, Hanna: Alltag und Lebenswelt als zentrale Bezugspunkte professionellen Handelns im Kontext gemeinwesenorientierter Unterstützung. In: Wansing, Gudrun / Windisch, Matthias (Hrsg.): Selbstbestimmte Lebensführung und Teilhabe. Behinderung und Unterstützung im Gemeinwesen. Stuttgart 2017, S. 49 - 60

Schäfers, Markus et. al. (Hrsg.): Abschlussbericht zum Pretest Befragung in Einrichtungen der Behindertenhilfe. Im Auftrag des Bundesministeriums für Arbeit und Soziales. Bonn 2016. [URL: https://www.bmas.de/SharedDocs/Downloads/DE/PDF-Publikationen/Forschungsberichte/fb471-pretest-befragung-in-einrichtungen.pdf?__blob=publicationFile&v=1] (letzter Aufruf: 02.06.2019)

Schäfers, Markus: Personenzentrierung als sozialpolitische Programmformel. Zum Diskurs der Eingliederungshilfereform. In: Wansing, Gudrun / Windisch, Matthias (Hrsg.): Selbstbestimmte Lebensführung und Teilhabe. Behinderung und Unterstützung im Gemeinwesen. Stuttgart 2017, S. 33 – 48

Schöny, Werner (Hrsg.): Sozialpsychiatrie – theoretische Grundlagen und praktische Einblicke. Linz 2018.

Schütte-Bäumer, Christian: Soziale Selbsthilfe in der Falle?! Zur Ambivalenz von Selbstermächtigung und Selbstmanagement in post-wohlfahrtsstaatlich situierten Verhältnissen. In: Rathgeb, Kerstin (Hrsg.): Disability Studies. Kritische Perspektiven für die Arbeit am Sozialen. Wiesbaden 2012, S. 119 - 143

Speck, Andreas / Daum, Marcel / Höptner, Anja / Steinhart, Ingmar: BTHG: Neue Teilhabewelt mit neuen Teilhabechancen?! Was wissen wir über die Lebenslagen seelisch behinderter Menschen? In: Psychosoziale Umschau, 01/17, S. 14 - 15

Steinhart, Ingmar: Konsequenzen aus UN-Behindertenrechtskonvention und Bundesteilhabegesetz für Menschen mit schweren psychischen Erkrankungen. In: Archiv für Wissenschaft und Praxis der sozialen Arbeit, 4/2017, S. 40 – 50

Steinhart, Ingmar / Daum, Marcel / Höptner, Anja / Speck, Andreas: Teilhabe – Chancen schwer psychisch kranker Menschen in Deutschland. In: Aktion Psychisch Kranke / Weiß, Peter / Heinz, Andreas (Hrsg.): Selbsthilfe – Selbstbestimmung – Partizipation. Bonn 2016, S. 243 - 267

Sozialministerium Thüringen: ITP Thüringen. Infoblatt Gesamtplanverfahren. Erfurt 2015 [URL: https://www.thueringen.de/mam/th7/tmsfg/2015-08-24_infoblatt_3_-_gesamtplanverfahren.pdf] (letzter Aufruf: 25.05.2019)

Umsetzungsvorgaben zum Gesamtplanverfahren im Landkreis Mecklenburgische Seenplatte. 2018. [Anhang]

Weinbach, Hanna: Soziale Arbeit mit Menschen mit Behinderung. Das Konzept der Lebensweltorientierung in der Behindertenhilfe. Weinheim und Basel 2016

Windisch, Matthias: Integrierter Teilhabeplan (ITP) als Verfahren zur individuellen Teilhabeplanung –

Anspruch, Umsetzungserfahrungen und Probleme. In: Wansing, Gudrun / Windisch, Matthias (Hrsg.): Selbstbestimmte Lebensführung und Teilhabe. Behinderung und Unterstützung im Gemeinwesen. Stuttgart 2017, S. 127 – 139

9 Anhang

I Abschrift der gegebenen Anmerkungen

Kategorie 1: Die Atmosphäre

1. Frage (Konnten Sie dem Gespräch gut folgen?): Verstehen Ja; Viele Fragen; Vieles wiederholt, viele gleiche Fragen

2. Frage (War die Bedarfsermittlung für Sie anstrengend?): Eigentlich nicht; Zuhören; aber sehr persönlich, unangenehm, Fragen vorallem zur Familie; bisschen viel aufeinmal; Konzentration, war lange, die ganzen Fragen

3. Frage (Fühlen Sie sich ernst genommen?): sehr; mit Eltern; ist auf mich eingegangen;

4. Frage (Konnten Sie alles sagen, was Ihnen wichtig war?): denke schon;

Kategorie 2: Das Netzwerk

5. Frage (Werden Sie nun mehr den Kontakt zu Familie und Freunden suchen?): Ich denke nicht (lange Pause); Wohnen weit weg, schwierig da keine behindertengerechte Wohnung, versuchen aber mich einzubeziehen; ausreichend; vielleicht schon, schwieriger Kontakt, mehr wäre schön; habe kein soziales Umfeld, möchte eins aufbauen; habe häufiger Kontakt zu meinen Bruder

Kategorie 3: Die Ziele

6. Frage (Haben Sie vor der Bedarfsermittlung schon einmal mit Mitarbeitern über Ihre Ziele gesprochen?): Leistungserbringer; SpDi; Sozialarbeiterin Klinik; Leistungserbringer; Jobcenter und gerichtliche Betreuung; Leistungserbringer; Leistungserbringer

7. Frage (Haben Ihre persönlichen Wünsche und Ziele bei der Bedarfsermittlung eine wichtige Rolle gespielt?): -

Kategorie 4: Das Verfahren

8. Frage (Haben Sie das Gefühl, dass Sie nun das bekommen, was Sie brauchen?): Weiß nicht, wie die Hilfe aussieht, da ich das nicht kenne; selber daran arbeiten, liegt an mir; nächsten Termin abwarten; nächsten Termin abwarten; nächster Termin; wenn ich die Hilfe bekomme

9. Frage (Fühlen Sie sich ausreichend über das Verfahren aufgeklärt?): -

10. Frage (Empfanden Sie die Bedarfsermittlung als zu lange?): hab ich mir länger vorgestellt; wegen der Pause; gefühlt sehr kurz; da anstrengende Fragen

Allgemeine Anmerkungen: sehr sympathisch, keine Fragen; Neubrandenburg kaum behindertengerecht. Bus fahren nur mit Begleitung möglich, da die Busfahrer mich nicht einladen dürfen. Zugbegleiter helfen mir ebenfalls nicht in Zug, wegen der Versicherung. Gibt nur 1 behindertengerechtes Hotel, im Kino auch nur 1 Saal. Zum Verfahren: hoher bürokratischer Aufwand, lange Bearbeitungszeit, wünsche mir elektrische Bescheide bzw. keine Bescheide, da die Zielvereinbarung mündlich und unter 4 Augen erfolgt, deswegen keine Bescheidung notwendig. Voraussetzungen, um Leistungen zu erhalten, werden immer höher. Ungeklärte Datenschutzfragen, bei Nachweis über erhaltende Leistung ist Eingriff in persönliche Rechte, da persönliche Interessen abgefragt werden und negativ ausgelegt werden können.

II Zahlen und Haushaltplan über laufende Fälle der Eingliederungshilfe

Antworten Allen antworten Weiterleiten Archivieren

AW: Zahlen Eingliederungshilfe

[redacted]@lk-seenplatte.de>
03.04.2019 14:35

An: 'Sophie Tren'

Haushalt Soziales.pdf
842,36 KB

Wir haben fast 4500 laufende Fälle in der EGH und ca. 50.000.000€ Ausgaben, anbei der Haushaltsplan 2019, Produkt 31103 ist EGH ;-)

Mit freundlichen Grüßen
im Auftrag

[redacted]

Landkreis Mecklenburgische Seenplatte
Regionalstandort Neubrandenburg (Hochstraße)
Sozialamt/Eingliederungshilfe
[redacted]

Tel. 0395 57087-[redacted]
Fax: 0395 57087-65992
Email: [redacted]@lk-seenplatte.de
Internet: www.lk-mecklenburgische-seenplatte.de

Bitte prüfen Sie, ob diese Mail wirklich ausgedruckt werden muss!

Diese E-Mail enthält vertrauliche und/oder rechtlich geschützte Informationen. Wenn Sie nicht der richtige Adressat sind oder diese E-Mail irrtümlich erhalten haben, informieren Sie bitte sofort den Absender und
Kopieren sowie die unbefugte Weitergabe dieser Mail sind nicht erlaubt.

Allgemeine Datenschutzinformation
Der telefonische, schriftliche oder elektronische Kontakt mit dem Landkreis Mecklenburgische Seenplatte ist mit der Speicherung und Verarbeitung der von Ihnen ggf. mitgeteilten persönlichen Daten verbunden. F
Buchstabe e der Datenschutzgrundverordnung (DSGVO) der Europäischen Union in Verbindung mit § 4 Absatz 1 des Landesdatenschutzgesetzes (DSG M-V). Weitere Informationen erhalten Sie hier.

Mecklenburgische Seenplatte

Teilhaushalt 05 Soziales
Dezement

Produktbereich	31	Soziale Hilfen
Produktgruppe	311	Grundversorgung und Hilfen in anderen Lebenslagen
Produkt	**31103**	Eingliederungshilfe für behinderte Menschen (6. Kapitel SGB XII)

3110308 Nachgehende Hilfe			
- Anzahl Hilfeempfänger (Jahresverlaufszahl)	266	251	*
- Kumulierte Anzahl Hilfen	2.364	1.209	*
- Aufwendungen	2.328.042 €	1.171.385 €	2.419.700 €
3110309 Leistungen zur Teilhabe am Leben in der Gemeinschaft			
- Anzahl Hilfeempfänger (Jahresverlaufszahl)	3.265	3.006	*
- Kumulierte Anzahl Hilfen	32.154	16.230	*
- Aufwendungen	30.359.177 €	15.375.013 €	33.334.200 €
3110310 sonstige Leistungen und Hilfen der Eingliederungshilfe			
- Anzahl Hilfeempfänger (Jahresverlaufszahl)	25	28	*
- Kumulierte Anzahl Hilfen	257	142	*
- Aufwendungen	324.848 €	176.664 €	345.700 €

Kennzahlen	Ist 2016	Ist 2017 1. Halbjahr	Plan 2018
Gesamtaufwendungen für Eingliederungshilfen	53.150.136 €	27.326.208 €	58.225.700 €
Durchschnittliche Aufwendungen pro Hilfeempfänger gesamt	11.743 €	6.430 €	*
Durchschnittliche Aufwendungen pro Hilfe und Monat gesamt	1.157 €	1.176 €	*
3110301 Leistungen zur medizinischen Rehabilitation			
- Durchschnittliche Aufwendungen pro Hilfeempfänger	2.561 €	1.449 €	*
- Durchschnittliche Aufwendungen pro Hilfe und Monat	317 €	329 €	*
3110302 Hilfe zu einer angemessenen Schulbildung			
- Durchschnittliche Aufwendungen pro Hilfeempfänger	14.707 €	9.814 €	*
- Durchschnittliche Aufwendungen pro Hilfe und Monat	1.890 €	1.957 €	*
3110305 Leistungen zur Teilhabe am Arbeitsleben			
- Durchschnittliche Aufwendungen pro Hilfeempfänger	85 €	0 €	*
- Durchschnittliche Aufwendungen pro Hilfe und Monat	85 €	0 €	*
3110306 Leistungen in anerkannten Werkstätten für behinderten Menschen			
- Durchschnittliche Aufwendungen pro Hilfeempfänger	12.405 €	6.692 €	*
- Durchschnittliche Aufwendungen pro Hilfe und Monat	1.110 €	1.151 €	*
3110308 Nachgehende Hilfe			
- Durchschnittliche Aufwendungen pro Hilfeempfänger	8.752 €	4.667 €	*
- Durchschnittliche Aufwendungen pro Hilfe und Monat	985 €	969 €	*
3110309 Leistungen zur Teilhabe am Leben in der Gemeinschaft			
- Durchschnittliche Aufwendungen pro Hilfeempfänger	9.298 €	5.115 €	*
- Durchschnittliche Aufwendungen pro Hilfe und Monat	944 €	947 €	*
3110310 sonstige Leistungen und Hilfen der Eingliederungshilfe			
- Durchschnittliche Aufwendungen pro Hilfeempfänger	12.994 €	6.309 €	*
- Durchschnittliche Aufwendungen pro Hilfe und Monat	1.264 €	1.244 €	*

* Fallzahl im Plan nicht ermittelbar; die Planung erfolgt auf Basis der einzelnen Produktkonten; hier werden die Ansätze auf Grundlage der Hilfeempfängerzahlen sowie der Durchschnittsaufwendungen ermittelt, aufgrund möglicher Mehrfachgewährung aus einem Produkt/ aus einer Leistung